林錫嘉現代詩賞析

陳 福 成 著

華文現代詩點將錄
文史哲出版社印行

國家圖書館出版品預行編目資料

林錫嘉現代詩賞析 / 陳福成著. -- 初版 --
臺北市：文史哲, 民 107. 08
頁： 公分. （華文現代詩點將錄；2）
ISBN 978-986-314-422-9 (平裝)

1.林錫嘉 2.新詩 3.詩評

851.486 107012922

華文現代詩點將錄 2

林錫嘉現代詩賞析

著　者：陳　福　成
出 版 者：文 史 哲 出 版 社
http:// www.lapen.com.tw
e-mail：lapen@ms74.hinet.net
登記證字號：行政院新聞局版臺業字五三三七號
發 行 人：彭　正　雄
發 行 所：文 史 哲 出 版 社
印 刷 者：文 史 哲 出 版 社
臺北市羅斯福路一段七十二巷四號
郵政劃撥帳號：一六一八〇一七五
電話886-2-23511028 · 傳真886-2-23965656

實價新臺幣四二〇元

二〇一八年（民一〇七）八月初版

ISBN 978-986-314-422-9　　86102

自 序：散文家寫詩，林錫嘉現代詩賞析

現當代著名作家林錫嘉先生，縱橫文壇半個世紀。基本上他在文壇上聲譽、肯定和地位，還是以他在散文方面的創作和編選為主，才使他在文學史佔有一席之地。這只要看多年前（民八十五年六月），在國家圖書館的一場「百年來中國文學學術研討會：業餘散文初探」，對林錫嘉一生致力於散文著編的成就，是多麼的肯定和評價！

但錫嘉兄也寫詩和散文詩，尤其這幾年來他當了《華文現代詩》主編，更大力推廣散文詩，成為詩刊的亮點之一。錫嘉兄雖先成名於散文，惟其現代詩成就應高於散文，原因是他在散文的供獻是編多於著，再者是他的現代詩創作豐富，也是詩壇上重量級要角。因此，本書針對錫嘉兄下列四本詩集，賞讀研析他的詩創作。

《學詩初稿》（未出版）

《親情詩集》（長歌出版社，民六十八）

《竹頭集》（九歌出版社，民八十四）

《檸檬綠大錦蛇》（嘉義市立文化中心，民八十八，詩散文合集）

另外發表在《華文現代詩》季刊作品，一併納入研析範圍。研究這位好友一生文學風華與事業行誼等，發現他一手散文一手詩，又帶著愛妻全心做慈濟，人生如是，夫復何求？（《華文現代詩》編委，台北公館蟾蜍山萬盛草堂主人　陳福成　詩於二〇一七年三月）

《華文現代詩》點將錄

林錫嘉現代詩賞析 目次

訪問紀弦老師後合影，1966年5月17日。

《華文現代詩》同仁，前排左起：曾美霞、彭正雄、林錫嘉、許其正；後排左起：劉正偉、陳福成、莫渝、陳寧貴。

林錫嘉（左一）參加「一信（正中紅衣）詩學研討會」。2013.4.9

林錫嘉參與國立台灣文學館「澄海波瀾 — 陳澄波大展」畫配詩活動，詩人們在嘉義陳澄波雕像前合影。2013 年 10 月 14 日。

林錫嘉參加《文訊》文藝雅集餐會後，與向明、林武憲在向明「不一樣環保小玩偶」作品前合影。2010.10.14

林家宗親詩人在關仔嶺水火洞前合影，大夥成詩，於《華文現代詩》第 8 期刊登。2012.12.26

魯蛟八十大壽餐聚，向明、曹介直、張堃、碧果、封德屏、朵思、麥穗、林錫嘉、隱地、丁文智、張默等詩友參加。2010.2.4

《文訊》主辦「牽手走遠路」── 台灣資深作家結婚照展，林錫嘉、郭綗琴在「結婚照片」前合影。2010.11.20

第一章　關於林錫嘉與其文學之路

《華文現代詩》點將錄，去年把鄭雅文、莫渝和許其正三家逐一殺青，二〇一七新春有新紀元，新的研究主角是林錫嘉的文學之路。

林錫嘉，現在是《華文現代詩》主編，說起這個詩刊的誕生是有點意外的，因為大家沒有很堅定的信念，似乎只是好玩。誠如林錫嘉在創刊號〈編輯手記〉說的，我們在此時刻出刊《華文現代詩刊》，其實我們沒有什麼大志於胸，我們只是一群想快樂的寫詩，寫好寫歹無計較的詩人。只求大家結個好詩緣。（註①）創刊前我甚至期許大家，至少要撐個兩年，不要成為詩壇笑話！

大家都知道一個刊物的生死，通常就看主編。錫嘉兄是個隨緣的人，說沒什麼大志於胸，詩刊第三期就有了「大志計畫」。〈散文詩春秋〉單元，我們計畫將之闢成為「台灣散文詩」的創作基地，成立「台灣散文詩山林」，發展成一處花團錦簇的散文詩園區。

（註②）任何事業能建立「基地」都能以偉大名之，散文家名詩人林錫嘉形象逐漸要彰顯了。

到了詩刊第六期開始，林錫嘉有了更偉大的想法，他要效法《賴桑的千年之約》一書主人翁賴桑，以三十年時間在大雪山種三十萬棵樹的真人故事（如照片）（註③）。如果《華文現代詩》也在台灣用心種詩三十年，種詩三十萬棵，每一首詩都是紅檜、肖楠、櫸木……

向賴桑學習，大家用心來種詩，種到滿眼華翠。（註④）到二〇一七年二月，詩刊竟要發行第十二期，主編的構想也在各期逐一實現中。

這個樣子的林錫嘉，必有精彩、不凡的文學人生。讓我乘著時光列車，回溯到他的文學王國旅遊，檢視他等身的著、編、譯才情，重臨他啟動進行或參與之文學盛事，這些才是他身為散文家名詩人最豐厚的內涵。

為使讀者有系統理解，清楚明白，簡易賞閱。本文初略將林錫嘉的人生歷程與其文學之路，按年代順序，概分以下各節提要述之。

一九三九年（一歲）到一九六三年（二十五歲）

林錫嘉，一九三九年生，台灣省嘉義新港人。一九五二年嘉義垂陽國小畢業，考進嘉義工職初中部化工科就讀，畢業後再考進嘉義高工，一九五八年畢業，同年七月北上台北考進台肥公司南港廠化驗室化驗工。這年他二十歲，開始進入漫長的職場生涯。

在台肥公司工作兩年，再去當兵兩年，退伍後於一九六九年又考入台北工專在職進修。一個讀化工的孩子，為什麼會成為散文大家名詩人，懵懂青少年到青澀青年這段人生最早期，應有一些重要因緣。除高中接觸現代文學，退伍前後大量閱讀張秀亞、蕭白的散文。最先在這孩子心田播下文學種籽，應該是他的三叔公。

自由撰搞人宋雅姿在《文訊》有一篇林錫嘉訪談，詩人提到父祖輩大都不識字，只有教授漢文的三叔公喜愛詩文，教這孩子念誦《唐詩三百首》、讀《說岳全傳》，這是他在初高中時期。在該文中，林錫嘉感謝「當年三叔公在我小小心靈播下的種籽能夠發芽成長。」三叔公是文學啟蒙者。（註⑤）因在三叔公書房養成看書習慣，考完高中那年暑假，林錫嘉開始上圖書館看書借書，光顧「紅豆書局」，發展出一段「紅豆良緣」，認識了後來成為林太太的文藝少女郭綱琴小姐，真是姻緣天註定！

一九五三年初中時期的少年林錫嘉。（林錫嘉提供，以下同）

一九六四年（二十六歲）到一九七四年（三十六歲）

林錫嘉的「文學創作時代」從一九六四年，在《葡萄園》詩刊發表第一首詩〈露〉開始。（註⑥）從這裡啟動「林氏文學列車」，在詩刊、報紙副刊發表詩作，剪貼成滿滿一冊《學詩初稿》（未出版、後述）。

很快的文學因緣，認識「文藝少女」郭綱琴，一九六五年結婚，他們的戀情談到白頭偕老，有四個漂亮孝順的女兒。詩人是家中唯一的男人，有五個女人侍候他，人生的美滿，捨此而何處能有？

林錫嘉的文學創作人生，三叔公的啟蒙是第一個因緣，而台肥公司的「文學肥料」是第二個重要因緣，讓他步入創作的實踐階段。據他所述，在南港六廠居然已有八位前輩活躍在藝文界，平鑫濤（後來的皇冠老闆）、王令嫻（小說家）、王北岳（書法、篆刻家）、茅及銓（翻譯、小

出生年月：一九三九年七月　　合照對象：父母、妻子（後排右爲作者）
拍攝時間：一九六五年一月
拍攝地點：嘉義自家二樓陽台　當時狀況：與妻結婚次日

說家）、李魁賢（台灣第一位從德文直譯里爾克詩作的詩人）等。他們共組「文友社」，邀請當時知名作家琦君、胡品清等人來廠演講。

一九六六年，林錫嘉和同在廠裡的史義仁、林煥彰也成立「詩友社」，創辦《青草地》詩刊。也曾邀請紀弦、瘂弦、鄭愁予、許世旭等來廠講詩，還曾邀請《創世紀》、《笠》、《葡萄園》詩社來廠聯誼。可見台肥果然「肥」，林錫嘉就說，「台肥文友引導我寫作，更幸運的是公司內部就有四本刊物可以發表作品，《台肥月刊》、《工作與生活》、《肥聯會訊》、《青草地》，台肥堪稱文學沃土。（註⑦）他一入門，就「寫得真歡喜」。

一九六六年五月十七日訪問詩人紀弦（左）時合影。

林錫嘉伉儷與林家四千金。

在這個文學人生的入門十年裡，林錫嘉已經幹的轟轟烈烈，不停有作品在《笠》、《青草地》、《新文藝》、《台肥月刊》等發表。另有詩畫作品〈植物園組曲〉，參加「中國第二屆現代藝術展」，在台視公司「藝文沙龍」談〈詩的創作〉，一九六八年獲頒「全國優秀青年詩人獎」，一九七三年榮獲中國文藝協會詩歌創作獎章，教育部長蔣彥士頒獎，並蒙行政院長蔣經國接見。

這第一個入門十年，林錫嘉另一項開創性創舉，是跨入散文和翻譯範疇。原先他已在《台肥月刊》發表散文，一九七二年經小說家王璞（時為《新文藝》主編），介紹加入散文隊，當時隊長是散文名家王明書女士。（註⑧）後來林錫嘉也晉身散文隊長，開創了散文大世界，這些是後話。跨入翻譯或許是個偶然，他一看到黎巴嫩詩人紀伯倫的作品就愛上了，讀完紀伯倫所有著作，並開始翻譯《流浪者及其欣賞》，在《新文藝》月刊連載。他的第一本譯詩《生日頌歌》，一九七三年由林白出版社以中英對照本問世。

一九七五年（三十七歲）到一九八五年（四十七歲）

這不惑的十年應是林錫嘉最有活動力的「黃金十年」，這十年他有著、編、譯十個文本出版（末項述），可見其活動力、執行力很旺盛。再者，這十年他的文學活動範圍所指涉之內涵，讓我意外發現，竟對我國軍使命、黃埔精神，有極大的啟示鼓舞作用，乃至可以強化「黃埔人」思想教育亦不為過。筆者一生以「黃埔人」自居，而可以堅定黃埔精神教育者，竟然就是現在這位錫嘉兄，真是讓我感到相見恨晚。

此期間，林錫嘉持續翻譯紀伯倫作品，散文創作、編選。但讓我這革命軍人再度感到熱血沸騰，是他和國軍在思想、心理上的「親密」連接，對國軍而言是潛移默化的教育。一九八〇年他被推選為國軍新文藝「散文隊隊長」，從此他開始帶領許多作家詩人，奔走於台澎金馬各部隊，把「精神糧食」送給國軍弟兄，文化文學種籽也無形中種在軍人心田裡。

林錫嘉（左一）與蕭蕭、吳娟瑜、溫小平同遊六龜荖濃溪，是促成《六六集》（九歌版）出版的最初討論。

一九八一年，他應國防部總政戰部國軍新文藝運動推行委員會聘為第十七屆「國軍文藝金像獎」散文類評審委員；此後，十八、十九、二十、廿一屆，他都擔任這項崇高的文學任務。另外，也主編國軍散文研究會作家散文合集，為當時新文藝運動起了「領頭羊」的角色功能。

黃埔建軍是中國現代史之盛事，每年六月十六是陸軍官校校慶，有各樣慶祝活動，文學獎更也是慶祝盛事之一，鼓勵黃埔軍官能帶兵上戰場，也能以筆為槍發揮「軟實力」。一九八四年慶祝黃埔建軍六十年，林錫嘉應國防部聘請為「埔光文藝獎」散文類評審。以上這歷屆散文評審，不知誕生了多少年輕一代的作家，代代傳承文學的根苗，錫嘉兄予有功焉。

詩人之行誼和作品（即人品、詩品），乃詩人人格的直射。詩人與其

一九八四年五月七日，國軍散文研究會首度舉辦作家送書到金門前線，計送千本作家的著作。由金防部接待作家們參觀戰地建設。（林錫嘉提供）

作品如血肉不可分，因為詩人憑直覺憑感受憑絕對的心靈活動而寫詩，所以其作品和行誼自然就是他人格的投影。吾國歷史上偉大的詩人，如屈原、李白、杜甫，距我們不遠的魯迅，都因這種特質而千秋萬世受人景仰。（註⑨）這樣的詩人，其行誼和作品是與國家民族掛在一起的，我研究的這位主人翁也有著這樣的特質。中美斷交時，吾國在風雨中飄搖，林錫嘉以〈血〉、〈棄狗〉二詩表達心中的憤怒。〈血〉詩在六十八年元月六日愛國詩人自強朗誦大會上高聲朗讀，喚醒民族靈魂，〈血〉詩亦入選《龍族聲音》（黎明版）及《從怒吼出發》（青溪文藝學會版）。啊！詩人，你是龍的傳人，你讓我這革命軍人受教、感動！

除了情牽國家民族、國軍和黃埔的精神靈糧，林錫嘉在民間各處也有不少文學盛事，擔任不少文藝研習營講座或指導老師。（均可詳見年表）

一九八四年五月八日帶散文研究會成員參訪金門。
左起林錫嘉、蕭蕭、陳幸蕙、林煥彰。

一九八六年（四十八歲）到一九九六年（五十八歲）

本階段裡，林錫嘉各類文學出版品依然豐富，達八本之多（未項述）。所參與的文學活動也極為旺盛，最能稱道的，還是在我國民革命陣營，國軍文藝金像獎散文類評審，從二十二屆到三十二屆，他竟包辦了九屆，可見其在文壇上的影響力，不知培養了多少年輕一代的軍人作家！那兩年未當金像獎評審的，一年擔任國軍馬祖區文藝輔導老師，一年擔任國軍澎湖區文藝散文指導老師。啊！錫嘉兄，你是我國民革命軍之文化大使、文學啟蒙者。那國民革命軍之祖孫中山、

國軍新文藝推行委員會爲提昇軍中官兵寫作風氣與水準，一九八七年三月二十七日在澎湖文化中心舉辦一場文藝輔導，輔導老師分別是：洛夫（右二）詩歌類、朱秀娟（左三）小説類、林錫嘉（左一）散文類、陳慶熇（左二）美術類、魏龍豪（後排左三）民俗類、丁衣（後排左二）劇本類。

之父蔣中正二聖，應如何感謝你？二聖不語，我這史官卻要秉筆直書！

此期間，林錫嘉也積極在各大學及各民間機構播下文學種籽。中原大學「普仁崗」文學獎、高雄師範學院文學獎、台灣區省立師範學院文藝營、苗栗縣文化局、聯合報全省巡迴文藝營、中華日報梁實秋文學獎、台北市公私立高中徵文比賽、台北耕莘青年寫作會等，擔任評審或指導老師。比較特別是文學種籽也可以種在盲人心田，他應清華大學、天主教光塩愛盲服務中心之請，為「盲人唸書給你聽」，編輯適合盲友的《開啟心窗》有聲書。

再者，此期間由他主編的年度散文選集一一出版，他也有不少詩作入選各詩選集。凡此，均見林錫嘉的創作活力和貢獻熱情，隨年紀增長而火力愈旺。

▲報導文學座談會由林錫嘉主持，右為張典婉，左二為李瑞騰。

一九九七年（五十九歲）到二〇〇七年（六十九歲）

現在開始算是人生的銀髮族初階段，林錫嘉和我國民革命軍依然保持著「親蜜關係」。從一九九七年第三十三屆國軍文藝金像獎，他又連續擔任九屆散文類評審，有兩年未擔任評審，卻是一年帶國軍

散文作家們參訪佛教知性之旅，一年主辦國軍散文作家參訪佛光大學並捐贈著作，也等於為國軍的文化戰力做了升等工程，同時也培養了很多文學後進，讓文學根苗代代傳承下去。其他與國軍相關文學盛事，如擔任國軍文藝研習營指導老師，聯勤總部文藝創作輔導暨金駝獎評審。他已然有革命軍人的氣質，好像只要國軍有需要，他一定「出戰」，愛國詩人當之無愧！

或許人有點年紀了，想要尋找「文學之根」或「鮭魚洄溯」之旅。公元二千年十一月，林錫嘉到成都訪杜甫草堂，這是身為詩人作家的大事，回來後以〈您的手、我的手〉一詩，發表在聯合報副刊，人生了卻一件心願。二〇〇一年開始，他把自己到大陸各地旅遊寫下的詩，輯成《旅行，我生命的長流》一書，神州大地山河人文，盡捕捉入其詩中世界。

此期間另一台灣詩壇亮點，林錫嘉與林宗源、林煥彰、林良雅（莫渝）等，皆是詩壇重量級要角，在二〇〇六年詩人節成立《林家詩社》，並發行林家現代詩刊。一個詩社的誕生，都是詩壇盛事，此亦是全球唯一林姓現代詩人成立的詩社。

再者擔任民間各團體文學輔導、得獎、作品入選各種選集文本、開文學講授等課，幾成經常性工作。如在耕莘青年寫作會開〈遊記散文〉、〈散文與詩〉；在「台灣文學會」開〈散文概論〉等課。還在汐止農會開〈成人寫作〉、〈兒童作文〉，在中鼎公司開〈散文寫作〉等課程，相信都培養不少新一代作家，這是林錫嘉的使命感。

二〇〇八年（七十歲）到二〇一六年（七十八歲）

七十多歲在在台灣社會還不算老人，二〇一一年七十三歲的林錫嘉，仍擔任第四十五屆國軍文藝金像獎散文類評審；又主編國軍散文研究會作家散文集《不大不小的戰爭》。看來錫嘉兄對於我國民革命軍，真的要「愛你一萬年」了！

但本階段最偉大的詩壇盛事，應是二〇一三年的一個偶然因緣，由鄭雅文、彭正雄、林錫嘉、曾美霞、楊顯榮、劉正偉、許其正、莫渝、陳寧貴和筆者共十人，策劃成立《華文現代詩》季刊，創刊號於二〇一四年五月正式出刊。發行人彭正雄先生，社長鄭雅文小姐，主編林錫嘉，不久楊顯榮退出，第七期開始九位同仁，這本詩刊由彭正雄和林錫嘉負主要責任，各期才得以順利出刊。

到了「從心所欲不逾矩」之年，我發現林錫嘉又開啟他的文學新天地。他往昔半個世紀，深耕散文和現代詩，除了台肥工作時間，其餘全部致力於這兩種文體，二〇一一年開始寫「散文詩」（一種如詩之散文體），更在《華文現代詩》開辦「散文詩春秋」，這將會是台灣文壇詩界最精彩的風景。

林錫嘉著、編、譯作品總目（出版、未出版均含）

林錫嘉數十年之文學人生，用在針對文字的「傳道、授業、解惑」時間甚多，相對用在著、編、譯的時間會減少。但統整他全部作品，依然很豐富又有代表性，相信他全部作品未來都將是我國文壇重要的「公共財」。條列如下。

創作之部：散文集《屬於山的日子》（六十七年三月水芙蓉出版社）、詩集《親情詩集》（六十八年春長歌出版社）、散文集《濃濃的鄉情》（七十五年元月希代出版社）、六人散文合集《六六集》（七十六年七月九歌出版社）、詩集《竹頭集》（八十四年十二月九歌出版社）、詩和散文合集《檸檬綠大錦蛇》（八十八年十一月嘉義市文化中心）。尚未出版有：詩集《學詩初稿》、詩集《詩與攝影》、童詩《雨豆樹》、大陸行詩文集《旅行，我生命的長流》、散文集《那個年代，那些散文》。

編選之部：都是散文類。《四季頌歌》（六十四年四月大昇出版社）、《興寄煙霞》（七十年六月水芙蓉出版社）、《泥土的眷戀》（七十一年十一月黎明出版社）、《七十年散文選》（七十一年三月九歌出版社）、《七十一年散文選》（七十二年三月九歌出版社）、《七十四年散文選》（七十五年三月九歌出版社）、《七十七年散文選》（七十八年三月九歌出版社）、《八十年散文選》（八十一年三月九歌出版社）、《八十三年散文選》（八十四年四月九歌出版社）、《八十六年散文選》（八十七年四月九歌出版社）、《碉堡與古厝》（八十二年八月黎明出版社）、《不大不小的戰爭》（一〇〇年五月文史哲出版社）、《耕雲的手》（散文理論，七十年十月金文出版社）。

翻譯之部：《生日頌歌》（六十二年七月林白出版社）、《流浪者及其欣賞》（六十年十月浩瀚出版社）、《紀伯倫書簡．破碎的翅膀》（六十六年元月世界文物供應社）。尚未出版有：《紀伯倫寓言精選》、《紀伯倫的智慧》。

小結林錫嘉一輩子深耕文學，散文和詩建構了他文學領域的兩大世界，銀髮之齡再構想掀起散文詩春秋的「第三世界」，可見他對文學的熱情和企圖恆久不減。他不僅是台灣，更是中國現代很有代表性、有影響力、作品可傳世的作家。在一九九六年有一場「百年來中國文學學術研討會」，亮軒在一篇論文如是定位說：（註⑩）

> 林錫嘉在編八十年選集時表示，他個人對現代散文的要求是能感動人，文學的取境要高。他不同意只知裸露社會的病態現象批判，卻不見眞心誠意的作品。他選入若干「充滿時代的聲音，而且眞情感人」的作品，林錫嘉是九歌版散文選每一年度都參與或主持編務的編者，他的看法具有對這一系列散文作品的代表性，如此之條件，也大體的構成了九歌版散文主要之特色。

該論文總結現代台灣的散文世界，有著可觀的遠景。在《七十年散文選》中，林錫嘉在前言表示：「它們應是一個清亮無塵的鏡子，反映我們現時代的生活、語言和思想。」（註⑪）在中國蘇州大學教授范培松著《中國散文批評史》鉅著所述：「林錫嘉撰述〈中國現代散文理論簡介〉提供了豐富的史料，為現代散文批評研究提供了良好的基礎。」（註⑫）從林錫嘉眾多有關散文與理論作品，是以中華民族文化活水為泉源的，他關心「更有一些深受西洋文學影響的作者，其作品已漸漸失去了中國的精神。失去了時代精神，文學將失去生命。」（註⑬）作家之所以關心，因為他知道文學是民族文化的靈魂，更是全民族的精神食糧。在〈耕雲的手〉一文錫嘉深深理解，中國散文，歷代祖先留下輝煌耀眼的遺產，各類文學作品，無不漲滿我中華的文學歷史長廊。但他感到一種隱憂，引余光中所述歷史的使命感何在？令人擔憂啊！（註⑭）到了廿一世紀的現代台灣社會，「歷史的使命感」恐怕已不存在了，這是台灣的悲歌，作家無力可回天，是否要去跳太平洋？還是寫出可以驚天地、泣鬼神的作品，喚醒民族精神！若我等向魯迅學習，應仍大有可為。（註⑮）文學是一個民族文化的靈魂，只有文學可以醫人魂、救國魂、喚醒民族英魂！

本文簡述林錫嘉生命歷程與文學之路，他的散文有輝煌的成績，也有不少相關研究。往後我針對他的詩作品，深入觀賞他的詩國風景，那是不同於散文世界的另一種秘境，有很多門道，門道裡有很多密碼，須要有人去開門解碼！

註　釋

①林錫嘉，〈編輯手記〉，《華文現代詩》創刊號（台北：文史哲出版社，二〇一四年五月），頁一四九。

②林錫嘉，〈編輯手記〉，《華文現代詩》第三期（台北：文史哲出版社，二〇一四年十一月），頁一。

③陳芳毓，《賴桑的千年之約》（台北：遠見雜誌出版，二〇一五年元月二十六日。）有「台灣樹王」之稱的賴倍元先生，以三十年光陰，花二十億元，在大雪山種三十萬棵國寶樹，真人真事的動人傳奇故事。

④林錫嘉，〈編輯手記〉，《華文現代詩》第六期（台北：文史哲出版社，二〇一五年八月），頁一。

⑤宋雅姿，〈秤量不盡的土地情意——林錫嘉的詩文世界〉，《文訊》第二五一期（台北：文訊雜誌社，二〇〇六年九月），頁一八－二六。

⑥查賴益成主編，《葡萄園》目錄（一九六二－一九九七）（台北：詩藝文出版社，一九九七年十一月）。第一部，頁四一。〈露〉一詩發表在《葡萄園》第九期（一九六四年七月十五日出版），頁三二。順道更正，在《文訊》第二五一期（二〇〇六年九月），宋雅姿寫林錫嘉詩文世界乙文，〈露〉誤成〈霧〉，應是印刷校對上魯魚亥豕之訛，年代是一九六四年才對，《文訊》印成一九六五。

⑦同註⑤。

⑧鍾秩維，〈散文和現實——訪散文隊隊長林錫嘉〉，《文訊》第三五三期（台北：文訊雜誌社，二〇一五年三月），頁八五－八七。鍾秩維是台灣大學台文所博士生。

⑨陳福成，《從魯迅文學醫人魂救國魂說起》（台北：文史哲出版社，二〇一四年五月）。

⑩亮軒，〈業餘散文初探：以九歌版年度散文選為例〉，《百年來中國文學學術研討會》（台北：中央日報社主辦，民國八十五年六月一日，國家圖書館）頁一一。

⑪同註⑩，頁八。

⑫范培松，《中國散文批評史》（江蘇：江蘇教育出版社，二〇〇〇年四月一日）。

⑬林錫嘉，〈編者前言〉，《七十年散文選》（台北：九歌出版社，民國七十三年八月十五日），頁二。

⑭林錫嘉，〈耕雲的手〉，《耕雲的手：散文理論與創作》（台北：金文圖書公司，民國七十年十月），頁一一－一二。

⑮同註⑨。

第二章 關於《學詩初稿》

詩和散文差別何在？真是多此一問。名詞都不同了，內涵、規則或形式等當然就不同，但這些還是經常成為文壇詩界論戰的話題。

基本上，散文寫得像詩是好散文，詩寫得像散文是不好的詩，乃至不是詩，也就是「散文化」的詩。所以詩人寫詩要避免散文化，但無論多偉大的詩人，古代如李杜三蘇，現代詩人如余光中、洛夫、羅門……不管名氣有多了得，一輩子可能有上千或更多詩品，也不可能百分百所有作品全是「傳世經典」。其中必有「瑕疵品」，甚至「劣級品」，何況我等名氣不大又忝列「詩人」者，問題就更大更多了。散文化如散文，一眼看穿，於是有詩人寫讓人永遠看不穿的詩，這也不好，永遠看不穿也表示永遠看不懂。詩讓人永遠看不懂，何益何用之有？不過自爽而已，詩還是要讓人看懂才是上選！否則都是白做工！

能把散文寫好，詩也寫得好，這作家就成功了。一篇作品能當散文讀又當詩讀，這種「散文詩」可能要經數十年「磨劍」，才有機會產出。林錫嘉在《華文現代詩》有一系列〈靜思三聿〉散文詩，舉〈打陀螺〉為例：

我們的人生，總在土地上孤單的打轉。

一開始，轉得急速，一束光閃電般的轉、龍捲般的轉。人心不停在土地上轉，時兒碰到石頭，時兒碰到一個窟窿，撞得顛躓又歪斜，最後一個踉蹌，倒下去。橫著身軀倒在地上，心也停止跳動，人也不再轉動了。就像打陀螺那樣！（註①）

這是一首如詩之散文，極有深意，光是人生為何「總在土地上孤單的打轉」？可以千百篇文章的發揮，可以從生理學、心理學或物種進化論乃至精神科學論述，文章寫不盡啊！但一言蔽之，曰「眾生皆活在自己的世界」，此即「一花一世界」，凡此乃弦外也。舉例這首散文詩，是要另排成詩的形式賞讀：

我們的人生，總在土地上孤單的打轉

一開始，轉得急速
一束光閃電般的轉動、龍捲般的轉
人心不停在土地上轉，時兒碰到石頭
時兒碰到一個窟窿，撞得顛躓又歪斜
最後一個踉蹌，倒下去
橫著身軀倒在地上，心也停止跳動
人也不再轉動了
就像打陀螺那樣

至少還有多種排列方式，仍然都是可讀性很高的詩，散文詩和詩可以互換動，林錫嘉何時磨練出這種功力？我追本溯源，回到他最早的《學詩初稿》。（註②）在這本未出版的詩集，〈季節之歌〉、〈被命運放逐的人〉、〈夜之貌〉、〈那一室翡翠的音符〉、〈暴屍〉、〈粧臺〉、〈旋轉門的哲學〉等作品，都算散文詩，但也可以重新排列成詩，這是好玩的文學遊戲。由此也知，林錫嘉除自己寫散文詩，也推廣散文詩，這是有些淵源的。針對這本詩人謙稱的《學詩初稿》，主要賞析一些發表在詩刊的詩作，這些年輕

時代的作品最純真、最可愛！就像這首〈露〉，最簡單、最真誠，卻有最大推力。（註③）

夜是播珠的老人
清晨，庭院醒來
老人走了
悄悄地
留給薔薇滿身晶瑩

絕大多數的作家、詩人，都永遠記得他第一個誕生的作品，在何處發表的！儘管只是初學的習作，但從此以後一輩子幾十年竟然就……

真的，發表了第一篇作品，就像你的初戀情人，從此你不會忘記那種「味道」。一種簡單而真誠的味道，在你心中醞釀成一股力量，一道無形又厚實的推力，推動你以一生時空和智慧，創建你的「文學理想國」。如林錫嘉這首〈露〉，宋雅姿發表在《文訊》上一篇〈林錫嘉的詩文世界〉，也提到這首半個多世紀前的詩作。（註④）可見這〈露〉一詩，是推動林錫嘉詩文世界的「手」。發表〈露〉詩時，詩人二十六歲，半個多世紀的文學創作人生過去了，詩人依然惦記著這「初戀情人」種種的好。這個好，不止於詩人一輩子獻身文學創作，連續發表作品後，隔年（二十七歲）就把「文藝少女」郭綱琴娶回家，與「露」多少有因緣。

回到〈露〉一詩，以年輕時代發表的第一首詩而言，這是一首成熟、典雅，並且還有些意境的小詩。我想，話要說給人聽，文章是寫給人看的，尤其公諸詩壇，要給人聽得下去，作品好不好，也可以從「比較研究」得出。詩壇上一些詩人老友的第一首詩我也見過，包含我自己年輕時的第一首詩，無論如何比！〈露〉都是好作品。夜擬人化成一個「**播珠的老人**」是創意，「**庭院醒來**」讓詩的氣氛產生動感，老人悄悄走了，留給薔薇很多美好，美的感覺正是一種境界的提昇，並保留空靈想像力。

〈露〉也另有弦外之意，一個慈祥的老者「走了」，不論做離去或往生，老者「悄悄地」走了，不打擾別人，是體貼也是放下，淡然面對人生的一切。更感動的，他「**留給薔薇滿身晶瑩**」，留給大家很多美麗的回憶，晶瑩是「高價位」珍寶。賞讀另一首〈永恆——致鄭月波教授〉。（註⑤）

你敏銳的眼神

透視片片光的重疊
將視野濃縮成點
看生命躍動在光彩之上

靈性的手指滑過蒼白的大地
乃有微笑的展放
乃有憂鬱的迴旋

所有被人們遺忘的
遂在你的筆下復活

鄭月波教授是誰？智慧手機知道一切。他是廣東東莞人，一九〇八年出生在新加坡貧寒之家。一九二八年入杭州藝專，師從林風眠、潘天壽，先後任教於上海美專和新華藝專，一九六二年首任國立藝專美術主任，一九六七年移居美國。二〇〇八年之際，藝壇有「鄭月波百歲紀念」水墨畫展，顯見也是一代大畫家。

有了歷史背景的理解，就更能清楚明白賞讀〈永恆〉一詩，詩人和畫家都同樣在捕捉瞬間意象之美，創造成為永恆的存在。「你敏銳的眼神／透視片片光的重疊」，這是畫家必須磨練的功力，對顏色有極高敏感度和透視力，才能「將視野濃縮成點／看生命躍動在光影之上」。把生命的真善美「停格」在畫布上，成為永留人間的作品，這就是傳世之寶物，如同傳世之詩品。

第二段「靈性的手指」是畫家的心靈思想內涵。畫和詩一樣，若僅按一定之規格、形式、技巧，合乎技術手法完成一件作品，這作品是沒有思想內涵，欠缺藝術價值的。如朱銘的雕刻，他在尚未「頓悟」時刻的神像，一尊大約數百元；到了他頓悟後，同樣的作品數十萬乃至百萬元，這是有思想和無思想的差別，「藝術」和「技術」差別在此。鄭月波教授「靈性的手指滑過蒼白的大地／乃有微笑的展放／乃有憂鬱的迴旋」，客觀的環境是蒼白的大地，畫家所處的台灣是民國五十六年以前，「反攻大陸」的年代，一切為反攻大陸，其他都是「蒼白的」。那個時代是那樣環境，畫家依然可以化「蒼白」為神奇，只是心中難免有幾分憂鬱牽掛，因為反攻未成，國事蜩螗沸羹。蓋因中國傳統知識份子，對於處在分裂狀態的國家，必然都一顆心牽掛著！

最後兩句是有力而感人的結論，「所有被人們遺忘的／遂在你的筆下復活」。能把所有被人們遺忘的，在你筆下復活，相信這是人類文化文明中最了不起的「神蹟」。這亦是藝術的力量，文學音樂的力量可上達天聽。這讓我立刻想起電影《鐵達尼號》，主題曲〈My heart will go on〉（我心永恆）：

Every night in my dreams
I see you, I feel you
That is how I know you go on
Far across the distance
And Spaces between us
You have come to show you go on
……

了不起的創作者和歌聲，讓葬身大海的眾多生命，已在久遠歷史荒煙裡被人遺忘，又再復活，經由心靈的的力量把生死兩界連在一起，共同成為永恆。當然，筆者並未觀賞過鄭月波教授任何作品，但他必然是把很多被人遺忘的故事，在他彩筆下復活，詩人林錫嘉如是感動。

〈永恆〉一詩，結構嚴謹，用字精簡，精確的意象呈現畫家的風彩和功力，最後兩句是境界提升的關鍵。發表這首詩時，詩人二十七歲，同〈露〉一詩都是極有水準的作品。賞讀〈礦工〉。（註⑥）

披一身黝黑
跪著，把腰折成兩半
握著尖銳的鐵鎬
刺向埋藏希望的山壁

額前的丁點兒燈是向日葵
永遠追隨著寶藏的方向

不是非洲的土人
我有向上的意志

鋼鑽是我的決心
我的希望像太陽
觸及岩中的
我的毅力永不屈撓

礦工、挖媒，在現代社會新一代孩子腦袋裡，早已是不可能儲存的記憶。說好聽些，是歷史向前行，長江後浪推前浪；說難聽的，是將近三十年的「台毒」政治操弄，讓「新台灣人」永遠斷滅了「傳統」，成為無「根」的人，好重新殖入「新根」，這是一種族群的悲哀！永不休止的悲哀輪迴，從「毒素」擴散開始。當然，詩的創作者並未涉入這個層面。

詩的層面背景，是半個世紀前的台灣，當時能源高度依賴煤做為各種燃料，包含民生、發電等。像筆者這樣的「四年級生」，一定記著不少「礦坑災難」，成為一輩子「揮不去」的惡夢，雖是別人的惡夢，整個社會的惡夢，但作家通常也會「捕捉惡夢」情境，或如「礦工」皆是。凡此，乃自然「俯拾即是、不取諸鄰」的素材，生活中的真實體驗，創作極佳的「自然礦」。

〈礦工〉一詩，意象明朗，把礦工的形像、精神，彰顯至動汝心弦。而「**跪著，把腰折成兩半**」一句，更產生一種驚悚的感覺，雖未述血淚，血淚已在心中，這是詩產生的震懾力。這也表示，詩人創作時確是與礦工感同身受的，同理心的存在讓詩不僅感動人，也可以與有緣讀這首詩的人產生共鳴。另一首發表在《幼獅文藝》的〈世紀的迷惘〉。（註⑦）

淚冷了
夢摺疊著
以悽然的回眸
送走猶暖的親情

思想踱過迴廊
安寧植於城堡之外
城堡之內煙霧很濃
還是暴風雨的日子

獰笑仍在堆骷髏的荒野長嘯
死亡——弱者
偏劫不幸者的靈魂

寒滿黑色空茫的世紀
如夜的存在
我欲解脫的
乃夜的迷惘

雄踞岩崖的兀鷹
是要衝向金色的黎明……

這是一首和時代潮流有關的詩，意象較多，主題的突顯相形見弱。但仍能充份體現詩人所要表達的思想，世紀怎會迷惘呢？其實是台灣人的迷惘！

這又扯到台灣人「永恆的悲情」！台灣自古以來從未享受過「主權」之樂。從明鄭、滿清、荷蘭、西班牙、倭國（日本）、兩蔣時代到現在，乃至永恆的未來，若和平統一大約維持「台灣省」地位，若武統則是「特別行政區」，乃至一種中國歷史上的「屯兵政府」。至於所謂「台獨」，永遠都是「幻夢理想國家」，這是台灣永遠沒有主權的歷史命運，「省」就是省，不當省就會有迷惘！如同男人女人，男人不當男人有迷惘，女人不當女人也會製造很多迷惘。而台灣的迷惘則會持續很久很久，百年、二百年……讓許多人在迷惘、痛苦中掙扎，不信吾者，就往下看……

但詩人「世紀的迷惘」只在短階段的，不像吾前述「永恆的迷惘」。一九四九年到七〇年代，那時台灣是旗幟鮮明的「復興基地」，人不分男女老幼，地不分東西南北，大家忙著「反攻大陸」，但因黨國教育的教條化，人民思想甚為貧窮，大家「沒有自己的東西」。那時有志青年流行「來來來、來台大；去去去、去美國」，有誰的子弟能當「美國人」，便可「九族升天」。因此，不僅年輕人有「美國夢」，就是身為父母的人，也願意一輩子省吃儉用，把孩子送出國留學，讓他有機會成為美國人，自己遲早也有機會成為美國人。奇啊！奇！真神奇！明明是個中國人，天天做著美國夢，省吃儉用栽培美國人。這迷惘得多嚴重！這問題的源頭至少可以上溯兩百年，滿清中葉衰落，乃至洄溯四百年到明朝鎖國政策，本文就不追這麼久遠了！

教育造成的時代潮流如是，人民思想貧窮，以至喪失中華民族的自信心。當時的人因思想貧窮也出現「心靈飢渴症」，民間的流行文化裡，自己東西都不好，只要洋貨倭貨都是寶。例如流行音樂，我們沒有自己的歌，年輕人不唱國台語歌，有點水準的都唱西洋歌（英語）。直到一批青年學子覺得自己是「龍的傳人」，開始有自己的歌這是校園民歌，這是迷惘的結束。

〈世紀的迷惘〉一詩，所述迷惘情緒大概不外這樣的歷史背景。詩人是覺醒的，站在高處靜觀時代病症，他才會「**淚冷了／夢折疊著／以悽然的回眸……**」

詩人也是有自主性的，詩人並不迷惘，才能「**雄踞岩崖的兀鷹／是要衝向金色的黎明……**」

註釋

①林錫嘉，〈靜思三事．打陀螺〉，《華文現代詩》第七期（台北：文史哲出版社，二〇一五年十一月），頁一六〇。

②林錫嘉，《學詩初稿》（未出版），有五十多首詩和散文詩。大約都是民國五十三到五十六

年間，發表在《葡萄園》、《中國勞工》、《幼獅文藝》、《中國詩刊》、《青草地》、《笠》等詩刊上。

③林錫嘉，〈露〉，《葡萄園》詩刊第九期（台北：葡萄園雜誌社，一九六四年七月十五日），頁三二。

④宋雅姿，〈秤量不盡的土地情意：林錫嘉的詩文世界〉，《文訊》第二五一期（台北：文訊雜誌社，二〇〇六年九月），頁一八－二六。

⑤林錫嘉（筆名林恆發表），〈永恆——致鄭月波教授〉，《葡萄園》詩刊第十一期（台北：葡萄園雜詩社，一九六五年元月十五日），頁二八。

⑥林錫嘉（筆名熙家發表），〈礦工〉，《中國勞工》，民國五十三年十二月十五日。

⑦林錫嘉（筆名林恆發表），〈世紀的迷惘〉，《幼獅文藝》，民國五十四年元月。

第三章　在早期《笠》、《中國詩刊》上的作品

關於林錫嘉謙稱的《學詩初稿》，是他最早開始寫詩，發表在《葡萄園》、《中國勞工》、《幼獅文藝》、《中國詩刊》、《青草地》、《笠》等詩刊上。雖然他說是習作，但這些最早的純真作品，應該是影響詩人一輩子初始之因緣，直到二〇一一年在慈濟《大愛人物誌》中，〈林錫嘉郭綱琴的故事〉節目中，仍一再回顧詩人久遠前的「文學姻緣」，因文學而認識、相愛一輩子的傳奇故事。（註①）或許，這是會寫詩、文章，另一種意外的功能，文章寫得好「把馬子」極有利，也證明女人是愛有才華的男人，古來如是。

《大愛人物誌》〈林錫嘉郭綱琴的故事〉，是一段訪談采風式的節目，訪談對象是本文主角林錫嘉與夫人郭綱琴。慈濟大愛記者訪談的內容主要是詩人如何以文會友行菩薩道，對錫嘉兄的文學人生著墨亦多，少不了談二人的初戀因緣。他的夫人郭綱琴坦言，

因熱愛文藝而認識師兄，也因他是孝順的人，文章又寫得好，才會嫁給師兄，牽手一輩子，共同參與慈濟諸多活動，同行菩薩道，將佛法廣播人間，廣結善緣。正是佛言「未成佛道、先結人緣」、「欲成佛門龍象、先為眾生馬牛」。

如是我聞，我讀《學詩初稿》就更有感覺了，因為詩人「不忘初心」，可以從這些「初稿」中，窺探不少詩人的本然「基因」，觀察他最早詩國世界的風彩。

《學詩初稿》詩作發表的作者，除林錫嘉本名外，尚有錫嘉、林恆、克德琳、熙家等多種筆名。發表刊物除前面所舉，尚有其他（年代久遠字跡不清等）。選發表在《笠》、《中國詩刊》、《青草地》等詩刊賞析，這首〈給生命之三〉。（註②）

森林被曦光射穿了，那小鹿跳入我的心坎蹦闖，於是有太陽在心上鏗鏘
如果明天像個囚犯那樣地被牽來，又是襤褸的灰衣覆蓋，我還是會告訴他我的
生命是金色的
日子一天天沈重了，壓扁了我心的原野的小鹿；且使我銅色的軀體有風化後的

乾癟。鬍鬚之矛刺死了我細嫩的青春

終要把往昔吊死在冬之枯老樹上，戲才能終結。留下的只是那紙上的名字

散文用詞大多清楚明白，不須再解讀詮釋，詩則有很大想像空間。這首《笠》上的散文詩如詩，整體意象，顯示出健康、積極的氣氛，意象建造和比喻手法都很新奇。原來錫嘉兄年輕時的散文詩就很成熟，告訴人他是「台肥人」沒人相信，比較像天生的「文學人」。

詩發表在民國五十五年，還是新婚（見年表），人生正得意，這年又和林煥彰、史義仁辦《青草地》詩刊，想必體內散發著詩創作的動力，靈感到處蠢蠢欲動。如第一段生活生命充滿晨曦曉色的景象，「那小鹿跳入我的心坎蹦闖，於是有太陽在心上鏗鏘」。到底何事「小鹿觸心頭」？好事美事！對生活生命創作，都有一股動能要從心靈中「蹦闖」出來。詩題是「給生命」，也可能是面對新生命誕生的感動。

第二段「如果明天像個囚犯那樣地被牽來」，囚犯「被牽來」又牽去是「必然」的處理方式，明天會來也是「必然」，比喻新奇，意象新鮮，前無古人，後無同者。但「明

天」是客觀的，是好是壞不知道，明天也可能「又是襤褸的灰衣覆蓋」，這有如《金剛經》說的「未來心不可得」，明天會怎樣誰知道？都是「測不準原理」。重要的是「萬法唯心造」，世界雖濁惡，「我還是會告訴他我的生命是金色的」。大凡生命，都是「金色」的，珍貴的，我的生命是純潔的，不受外界濁惡影響！

第三段「日子一天天沈重了，壓扁了我心的原野的小鹿」，生活是現實的，人生其實不好混，從李白、杜甫到現代，寫詩從來都是「虧本生意」。結了婚要養妻兒孩子，生活壓力日增，壓扁了心中的「小鹿」（靈感、理想等衝動）。終於「我銅色軀體有風化後的乾癟」，體壯如牛的身軀日漸消瘦，這裡的「乾癟」應包含精神生命的乾瘦。再者，人為了生活，有時必須重複做著無聊的工作，每天朝八晚五，青春就這樣不斷耗損，「鬍鬚之矛刺死了我細嫩的青春」，這個意象很刺激、驚悚。鬍鬚之矛所指為何？鬍鬚之矛是細小如針之矛吧！比喻生活生命或工作上的瑣碎、煩雜等等，「刺死」乃神來之筆，細嫩的青春就這樣被「殺」了！

第四段「終要把往昔吊死在冬之枯老樹上」，昨日已死之意，「吊死……」也是意象驚絕，乃表示決心，昨日種種隨昨日已死，過去式的戲碼全部結束吧！「留下的只是那紙上的名字」。作家要有好作品，要勇於向自己革命，今日之我推翻昨日之我，才能日日新，又日新，經典都是這樣面世的。

〈給生命之三〉一詩，可以給所有的生命，因為具有普遍性價值，對所有的創作者有鼓舞作用。這是一首成熟的作品，以簡潔文字和意象，彰顯極豐富內涵。賞析《笠》上的〈晚秋所記——植物園組曲之四〉。（註③）

（昨日再入旋轉門去焚葬白夏。且躺在一大片枯黃的葉子上，聽秋述說一個美麗的故事。那只流傳於詩人之間的。）

好深遠的秋都瘦了
胸間的生命就顫動
有一種欲望正伸手環抱
滾進斷垣後的皮球

秋深，梵谷潑落了的油彩
深深地炭在遠遠的灰空下

一個患病者盯盯窺視
只見崩雲
西天本就是多變的世界
任石屋斑剝
任雲崩落

那把心靈的血潑向
梵谷的油彩上的
任其流盪擴散的
終在此季分娩

那塊深黑傾塌向我
實在不在乎壓下整個夜的重量
俟東邊淡黃黃的探照燈亮起
穿過花廊，就見

兩片楓葉就埋葬一季秋瘦了

詩人大多寂寞，故須疏懷，是謂言志也。所以詩人作家也大多「無事找事」，才有「文章」可作，述春寫秋。例如孟浩然〈秋登蘭山寄張五〉，登高懷友，邀約重陽共醉；劉長卿〈秋日登吳公臺上寺遠眺〉，在寂寞寥落情境中，登吳公臺思鄉弔古；韓翃〈酬程延秋夜即事見贈〉，酬唱程延，敘述晚秋之夜景象；許渾〈早秋〉，鬱鬱不遇於世，借秋景自傷凋零。凡此，《唐詩三百首》諸多詩人借春夏秋冬說心事，四季各有不同意象屬性。

文學作品有以熱情奔放來感人，有以哀怨悱惻動人心弦，更有以悲情驚天地泣神鬼，各民族文學各有傳統。而我中國詩學，古來傳統觀念，不以熱情哀怨取勝，一向採取「溫柔敦厚」的情操感人。詩則追求意境，期以超然絕俗意象呈現，流露和平寧靜，從閑淡的境界得到美感。讀者若了悟中華文化藝術觀或美學特質，國樂如此，國畫如是，詩境表達更如是。

林錫嘉〈晚秋所記〉記何事？本來無一事，無事了我只能停筆，故須有事惹塵埃！第一段「好深遠的秋都瘦了……滾進斷垣後的皮球」，秋意蕭索之象，用一個「瘦」強化，更顯晚秋的零落，這是秋的故事。枯黃的葉子都飄落了，不代表生命的結束，而是新生的開始，所以「**胸間的生命就顫動**」，欲望正伸手抱回皮球（再開始另一段賽球），似乎在詮釋生命的輪迴觀。

第二段秋景描述，「**秋深，梵谷潑落了的油彩……任雲崩落**」。梵谷是「後印象派」畫家，表現主義的先驅，所謂「梵谷潑落了的油彩」，如〈星夜〉、〈向日葵〉、〈有烏鴉的麥田〉等，都是「燃燒生命的畫風」，真是如秋之感傷。再以他三十七歲時舉槍自殺的悲劇，也算定「秋風秋雨愁煞人」（雖然他死於七月）。植物園的晚秋，請了「梵谷意象」，「**任石屋斑剝／任雲崩落**」，也顯示此刻詩人心境的孤寂，只是生命的意義極為弔詭，梵谷若無悲苦悲劇，似乎也偉大不起來。這又要回到中國傳統詩學裡「窮而後工」的論述，屈原、杜甫、李後主……皆如是。把晚秋景象「衍繹」到此，這植物園秋景（或詩境）已甚悲涼，「**那把心靈的血……此季分娩**」又有了生命誕生的喜悅，詩人心境到底如何在流轉？讀者可以「自由心證」再詮釋之。

「**那塊深黑傾塌向我**」意象沈重，向「我」壓下來！「那塊深黑」所指為何？但不論多重，詩人都不在乎，「**壓下整個夜的重量**」是很重的，不知這沈重是生活、工作或心情？或兼而有之。從整首詩來解讀，詩人借植物園晚秋意象，發舒心情孤寂，一葉知

秋，「兩片楓葉就埋葬一季秋瘦了」，秋天就快去了！賞讀《中國詩刊》上作品，〈無終止的列車〉。（註④）

石色的心室
音符浮雕著
且無意識的羅列
　靜止　凝結
又靜止　又凝結

為何吶喊
堆立滿室空幻
覓不得紫葡萄
不能再蒼白了
不能再蒼白了

步出覺醒
日光在葉背破碎了
心室也破碎
聽呵，性靈追尋的跫音

這不是一首讓人解讀的詩，嚴格說來詩並非給人解讀的，所有的解讀或試圖理解，都是不完全的。那麼，詩寫來何用？若要找個簡單的說法，應該說是給人欣賞的，如同欣賞一件藝術品，每人所感不同，這涉及詩人的表現方法和為何表現。我偶然看到「臉書」一篇文章，正好講到《笠》詩刊談詩觀點：（註⑤）

白萩身爲《笠》的發起人，他揭示了一個重要觀念：「基本上『現實主義』是指文學的態度而言，作爲寫什麼這個問題的提綱，《笠》也同時包含了關心怎麼寫的問題，就是《笠》的現代化性格。」也就是說，笠詩人所謂的現實主義詩，雖然向現實取材，但除了關注「寫什麼」之外，更強調詩應具備的「藝術性」，面對不同題材要產生不同的表現方法，而現實的範圍，應該廣泛且寬容，包含時間與空間，因此意識性與藝術性不該有所偏廢。

這裡講到現實主義和藝術性。吾以為，人人都活在現實世界中，人不可能完全脫離人界現實世界，除非去了西方極樂世界，所以「現實」（務實）只有「程度」的差別。而詩人對現實面的表現涉入態度和藝術性，表現出多少！「藏」多少！藝術性則是詩的必要條件，一切「藝術作品」應如是，此又涉入方法論和現代化思維。例如，筆者最近（民一〇六年元月）參觀「台北現代美術館」作品展，有一件「藝術品」，由十餘塊廚房用過的洗碗菜瓜布，串成一串掛起來，其實就是「垃圾」，但以「藝術」之名在國家展館亮出。如何「詮釋」？想必神也說不出合理性詮釋。因為，舉凡藝術性之物，都是給人欣賞或某種啟示，都涉及創作者思維、態度等。

如本文所舉給生命、晚秋和這首〈無終止的列車〉，都透過現實生活經驗，創造詩的藝術性，表現對生命的領悟。「不能再蒼白了」「心室也破碎」，都是對現實的不滿，或有困境無法突破的舒發。這種舒發和有所領悟，正是「性靈追尋的跫音」，經典都是歷經熬煉才有的，就看讀者是否欣賞。再賞讀〈塑妳以斷虹的意象〉。（註⑥）

——秋落時，妳已駐足在遠方

越過欄柵，越過睫毛
淚滑落於手心
握一滴冰冷
握一顆憂鬱的心

滲出指縫的
是透支的感情在顫慄

為何妳來自黃昏
隨彩虹升起
遽失於渺茫的遠方
而塑一偶像於心中

於不滅的記憶
那斷虹的意象
如維娜斯的斷臂
靜然恆立

這首詩發表於詩人新婚後兩個月，故有濃濃的情詩味，似乎仍沉浸在戀愛氣氛中，情到深處「淚滑落於手心／握一滴冰冷／握一顆憂鬱的心」。也許工作關係，數日不見，但一日不見如隔三秋，一顆心懸著、掛著，才有這樣情境。惟斷虹的意象所指為何？可能任由發揮想像力了，斷虹未「斷」，而是一種「圓」形狀。

新婚後兩個月，可以確定的是「愛情仍確定存在」。只有愛情可以「塑一偶像於心中／於不滅的記憶」，惟愛情有這種力量，可以有不滅的記憶，乃至「能量不滅」亦有可能。所以，古今中外多頌揚愛情，未見有歌頌婚姻的作品。而事實上，人類文化文明演進至今，婚姻制度對國家、社會、民族貢獻最大，愛情不過製造短暫的「春節煙火」或虛幻故事，了無功德！

民國五十五年，林錫嘉在台灣肥料公司南港廠，與同仁史義仁（後為葡萄園詩刊主

編）、林煥彰（今著名詩人），三人共創《青草地》詩刊。也賞讀一首詩人以筆名「林恆」發表的作品，〈春的感覺〉。（註⑦）

柳條醺醉了
我見綠光交響
在殘冬踱過的花叢間

以赤裸的身軀
　　　仰臥
撫摩春敏銳的觸角
如春的，我的血脈奔流

我心的透明杯
注滿一季暖暖的躍動
不眠於三月

三月有花季在心上展覽

花潮來時
我遂酩酊
無須綣閉眼簾了
繆斯衣錦而來

於春的聲色季
心總不成眠

詩人對四季的感悟，各有其「現成意象」（或叫習慣意象），由傳統形成而被各時期作家沿用的意象。例如，「楊柳」依依是離情，「烏啼」深夜摧人心肝或悲愁孤恨等，因可感性極強。詩人對四季之用亦然，「春的感覺」通常有喜悅、希望或新生之意。「柳條醺醉了／我見綠光交響」，此「柳」無關別離，而是柳葉在春風中飄舞，像是喝醉了，這是創新意象，詩的起頭就樹起好詩成功的第一步。

接下來，詩人「脫了、脫了」裸身在春風中，情詩味十足，亦有性愛連想，情愛意象是情詩誘人的重要內涵。「撫摩春敏銳的觸角／如春的，我的血脈奔流……三月有花季在心上展覽」。詩人喜悅的春天，竟可達到「血脈奔流」，可見春風得意啊！「繆斯衣錦而來」，春天也是「寫詩創作天」，靈感如泉湧而來，「花潮來時／我遂銘酊……於春的聲色季／心總不成眠」。為何兩性有了真情，最能激發情詩創作，不論日夜總不眠，好詩逐一誕生！心理學家歸功於有一種神藥叫「Libido」的加持，根據一些詩人好友證實，此說確真，亦合科學原理！

關於名散文家、詩人林錫嘉的《學詩初稿》，他雖謙稱初學習作，但經我研究（如所舉各作品）都很成熟。初學而有這樣成績，能不說他有些天生基因嗎？

錫嘉兄這批早期詩作，除發表在《葡萄園》、《中國勞工》、《幼獅文藝》、《新文藝》、《中國詩刊》、《青草地》、《笠》等詩刊物。另有發表後未註明發表園地的作品也不少，有現代詩，有散文詩，通常初習詩作容易犯散文化之病，他一入門就顯現不凡的身手，往後的文學人生就更精彩亮麗了。

註釋

①關於〈林錫嘉郭綱琴的故事〉，可從慈濟網站進《大愛人物誌》；也可從網際網路→Google→鍵入林錫嘉，發現許多他的秘密，不查都不知道。

②林錫嘉，〈給生命之三〉，《笠》詩刊第十二期，民國五十五年四月。

③林錫嘉，〈晚秋所記〉，《笠》詩刊第十八期，民國五十六年四月十五日。

④林錫嘉，〈無終止的列車〉，《中國詩刊》第五期，民國五十五年四月。

⑤「臉書」，《詩人俱樂部》，二〇一七年二月三日。丁威仁，〈白萩詩論研究——以《現代詩散論》為討論主軸〉。

⑥林錫嘉，〈塑妳以斷虹的意象〉，《中國詩刊》第二期，民國五十四年三月二十日。

⑦林錫嘉，〈春的感覺〉，《青草地》詩刊第三期，民國五十五年五月十五日。

第四章　賞讀幾首極有深意的小詩

詩語言是所有文體中，最精緻、純粹之語言，吾國古詩詞均非長篇巨論，五言七言等就可以表達極限之深意，讓人產生無限的想像空間；現代詩亦然。是故，詩是否有內涵？有甚深詩意？與詩的長短無關，有很浮淺又沒有詩意的百千行長詩，有內藏幾個宇宙而詩意無限的小詩。

我說一首小詩藏著幾個宇宙，絕非妄言。我所研析的這位詩人林錫嘉，最善於經營小品，他的作品不論詩或散文詩，都以精緻小品著稱文壇，本文賞讀幾首極有深意又多層次詮釋的小詩。首先賞讀〈無趣的樹〉。（註①）

如果沒有　風雨雷電
如果沒有　雲彩飛舞

如果沒有　翅膀停歇
如果沒有我一雙凝視的眼眸
如果沒有電鋸嘶嘶逼近你粗壯的身體

你將是生活在真空裡
一棵不真實的
樹

這首小詩之深意幾不可測，可以有許多層次的解讀，可謂暗示（潛藏）人類演化歷史、社會諸多命題。當然，這是詩人的內涵與深度，非等閒詩人能寫出之作品。

這首詩第一個層次解讀是針對一棵樹，從小樹苗到長大成樹木，過程中「**如果沒有　風雨雷電……粗壯的身體**」，這五個「如果」代表客觀世界所有悲喜歷練，如果沒有經過種種歷練，樹像活在真空裡，「**一棵不真實的/樹**」，等於從未活過。「風雨雷電」象徵各種挫折困難，「雲彩飛舞」象徵好的生長環境，「翅膀停歇」像徵小鳥休息的家園，一棵「好樹」自然吸引詩人目光，「**我有一雙凝視的眼眸**」，詩人給這棵樹加持。最後這棵樹成材，貢獻給人類社會，做為建材等各種用途，對樹而言，完成生命的自我實現，功德圓滿。若非如是，未經這樣的生命歷程，樹的一輩子是不真實的，等於未經活過，這是給樹（給人）很重大的啟示。

第二層的解讀就是對人，詩人只是借樹比喻，說的就是人生。「風雨雷電」表示人生碰到的各種磨練，「雲彩飛舞」表示各種正面或歡樂，人在歡樂時也要小心，生於憂患死於安樂啊！「翅膀停歇」可以表示人際關係好，才有朋自遠方來。人生最後的「蓋棺論定」，是「電鋸」逼近，象徵你的人生「成材大用」，乃至為國家、社會犧牲。你若做不到這個境界，你這輩子像生活在真空中，「一個不真實的／人」。何謂「不真實的人」？不真即假的，你像是白來一趟！或一隻米蟲，對社會、對人類，沒有貢獻！這會給人極大棒喝，就像古代禪師一巨棒打在腦門上，能不頓悟乎？

〈無趣的樹〉第三層次的解讀，可以擴張到人類學、政治學、話語權、國際關係或東西方歷史演進史等。這部份可能是詩有意，而詩人始料未達之範圍，也很精彩，很有啟示性。「如果沒有我一雙凝視的眼眸……你將是生活在真空裡／一棵不真實的／樹」，這有甚深微妙義的暗示，表示「沒有我關愛的眼神，你什麼都不是」，進而有「我說你是什麼，你就是什麼！我說你不是什麼，你就不是什麼！」也就是「強者說了算數」。

這是強者的「話語權」，弱者一點辦法都沒有！相對於人和樹，人是強權，說你是樹你便是樹，說你是「一棵不真實的／樹」，你便是不真實的樹，你（樹）生命的意義只有我（人類）可以詮釋或命名，若我不詮釋或命名，你是不存在的，沒有意義的。西方文化在本質上，充滿著各種霸權的霸凌主義，以「我」為中心，你什麼都不是！

近五百多年來，西方強權逐一興起，數百年西方史到處是「我說你是什麼，你就是什麼」的霸權主義思維。最近的一次，是針對吾國南海太平島，霸權透過政治操弄「指島為礁」，說你是礁就是礁！說你是人你才是人，說你不是人你就是動物！

是的，很有名的一個史例，是歐洲白人初到美洲，看到「紅番」（美洲印第安人），認定他們不是「人類」，而是從未見過的「低等動物」，可以任意屠殺。教皇亞歷山大六世（Alexandre VI）頒下聖旨，旨稱「紅番當成戰利品處理」是合法的，美洲印第安人險些被滅種。

白人中也有少數仁慈者，如修士蒙特西諾（F.A.Montesinos）、殖民者拉斯卡沙斯（B.de Las Casas），認為紅番也是「人類」一種，因而曾有御前辯論。一五一九年，拉斯卡沙斯與主教柯維多（Quevedo），在皇帝查理坎（Charles Quint，或稱查理五世，一五〇〇～一五五八年，為荷蘭、西班牙與德意志統治者）御座前辯論，柯維多堅持「紅番是低等動物，不是人類」，拉斯卡沙斯則堅持他們也是人。事情懸持著，印地安人持續被當動物屠殺。

終於到了一五三七年，教皇保祿三世（paul III）頒下聖旨，承認印地安人「也是人類」一種，可以接受信仰。（註②）聽起來不可思議，事實如是。但此刻，印第安人的「活口」已經不多了。

這是典型強者說了算數的早期西方霸權主義，之後的數百年很多史事，儘管事件不同，本質未變，包含把我國太平島「指島為礁」。這是白人（也是西方強權）的沒落，中國崛起，全球將被「中國化」，白人恐懼感日增，他們不知也不信中國有「濟弱扶傾」文化，不會霸凌弱小民族。但人類社會很弔詭，中國不霸凌弱小民族，也不允許你造反，「**如果沒有我一雙凝視的眼眸……你將是生活在眞空裡／一棵不眞實的／樹**」。強弱依然是這個世界裡，生存必勝的重要「叢林法則」。

〈無趣的樹〉引出「人類是宇宙間唯一智慧生物」命題，唯一對人類以外之萬物有詮釋權、話語權、命名權，只有人類，人說了算數。「如果沒有我一雙凝視的眼眸」，樹非樹、獸非獸、物非物，山河大地亦不存在，星星月亮太陽何在？沒有了人類，誰來訴說其存在與否？誰來詮釋意義？難不成科學家要說是機器人嗎？賞讀林錫嘉另一首

〈鹽田邊一條小路〉。（註③）

大自然丟棄在海邊的
一句驚嘆
瘦弱的小草
面黃肌瘦的小石頭
一群寂寞的日子

被拋棄上岸的一小灘海水
陽光把它曬成
一片薄薄的雪白鹽
被遺棄多年的
海的一滴淚！

鹽田邊一條小路的情景，意象很異類又深遠，像是世界之邊陲，生命中之荒寂。第一段海邊這條小路上的草和石頭，是大自然丟棄的一句驚嘆！這意象所指為何？須要有些擴張思考，讓想像力長出翅膀。從反面思索，「什麼不是大自然丟棄的？」顯然沒有，一切都是大自然丟棄的，地球是太陽丟棄在邊陲的一驚嘆，太陽是宇宙丟棄在邊陲的一句驚嘆，宇宙是神丟棄的一句驚嘆！「驚嘆」二字用的最讓人驚嘆！表示一種「無用之大用」，小草、石頭、寂寞的日子都有存在的價值。佛法常言「一花一世界、一葉一如來」，瘦弱小草也是三千大世界之一部份且自成一世界，其他亦如是。能有這樣的境界，這恐怕是詩人加上佛法修行才會有的高度，林錫嘉投身慈濟對他創作文學有加持作用，在他的作品中展現了不凡的高度。

第二段鹽田邊小路旁一定到處是鹽，也是被大海拋棄，但為什麼是「**海的一滴淚！**」因為鹽是海的寶貝，大海是「鹽之母」，鹽要出去打拼事業（供養人類），大海不捨，所以一片薄薄的雪白鹽是大海的眼淚；如同兒女要離家去自己獨立，打拼事業，媽媽不捨，兒女如同被遺棄多年，母親的一滴淚！

我所認識的詩人林錫嘉，除了數十年文學創作、主編詩刊外，也對佛法修行很有熱情，認同慈濟的慈善工作，真是可敬的詩人。下面這首詩，意涵佛法深度，〈凝視水中之火——寫「關仔嶺水火同源」〉。（註④）

火，我看得見你的熊熊熾烈
從冷凝水窖的深處竄出
你用什麼樣的勇猛殺出重圍
卻也沒有肆虐灼傷我

火，你如何壓縮成我看不見的細微
從神秘的心窖裡再壓縮成不灼燙的
無色無味的
無名火
自胸臆衝上腦門
更把身邊的人
灼燒得遍體鱗傷

這詩第一段寫的是「真火」，真實的火；第二段是「假火」，是人火，無名火即「無明」之火。「無明」是佛法說的「無知、不知、愚痴」亂發火氣，內心充溢瞋恨之人，是很可怕的，這種火「無色無味的……灼燒得遍體鱗傷」。所以無明火很可怕，乃至可以燒掉所有修行的「功德」。在佛經《大方便佛報恩經》有偈曰：

猛火熾然，燒世間財；
惡口熾然，燒七聖財。

「世間財」指我們凡人世界的金銀房地等財富，無明火瞋恨心會毀滅這些世間財富。吾人檢視，世間會敗壞家產的敗家子，各種暴力霸凌份子，會亂「燒錢」的富二代，大致就是這些「無明」之人；反之，能管控「無明火」的人，必屬高EQ，情緒管理很好的人，會是很有前途、能創造各種財富之人，他們是能「管好自己嘴巴」的人。

另有一種「管不好自己嘴巴」之人，他們「惡口熾然，燒七聖財」。不僅把別人燒得遍體鱗傷，燒掉所有的好因緣，更嚴重的燒掉自己的七聖財（信仰、慚愧、懺悔、禪定、智慧、歡喜、忍耐）。這七聖財的內容是佛法的重要修行部份，只要無明火起，惡口熾燒，所有做的「功德」全毀了，一輩子白做工啊！所以佛門大德常有一詩偈如是曰：

面上無瞋是供養，口裡無瞋出妙香；
心上無瞋無價寶，不斷不滅是真常。

佛教將人的瞋恨心比喻為火，即詩人所言「無色無味的／無名火／自胸臆衝上腦門」，「火燒功德林」是也。所以，修行要從「滅火」開始，滅到身口意皆無火，連火種也沒了，那是面上無火是供養，口裡無火出妙香，心上無火無價寶，身口意都沒有瞋恨之火叫「不斷不滅是真常」，即能獲得永恆之生命。

本文所舉三首詩，都有很特別極深之意涵，可以有多層次的解讀，每個人讀到的層次不同。當然這也要看讀者對現代詩有多少理解！有多少閱讀能力！但我相信能「完全解讀」的人不多。這和台灣社會的現代詩「市場生態」有關，一者寫詩的比讀詩的多，二者詩人不讀別人詩（只讀自己詩），這是很多人說的。我的看法不同，有在專心做研究的人（如筆者），一定會專心、細心、耐心，讀別人的詩，我有了「目標」，一定會完全完成目標。

註　釋

①林錫嘉，〈無趣的樹〉，《華文現代詩》第二期（台北：文史哲出版社，二〇一四年八月），頁六二。

②Francois de Fontette著，王若璧譯，《種族歧視》（台北：遠流出版社，一九九〇年十二月十六日），第二章。

③林錫嘉，〈鹽田邊一條小路〉，同註①書。

④林錫嘉，〈凝視水中之火——寫「關仔嶺水火同源」〉，《華文現代詩》第八期（台北：文史哲出版社，二〇一六年二月），頁三十。

第五章　震懾宇宙的時空感，幾首龐然微型詩

所謂「一樣米養百樣人」，每個活過幾十年的人，一定碰到過一些「怪物」，甚至給你製造了很不愉快又難忘的事件。例如，有一種人有自大狂，動不動就霸凌別人，自以為比天大，在別人心目中真實是微不足道的「小人」。反之，有些高僧大德或真有學問之人，極為謙卑，認為自己不過是三千大世界（宇宙）的一粒微塵，但他在眾人（或歷史）心中是個巨人，了不起可敬的人。

可見大小只是一種心態或認識，把自己縮得越小，別人看起來越大；自己膨脹的越大，別人越小看你看成了「小人」。網路上流傳「宇宙比例尺圖像」，嬰兒和大人比，大人很大；大人和山比，大人如小微塵；山和地球比，山也很小；地球和太陽系比，地球像一顆小小玻璃珠；太陽系和銀河系比，整個太陽系也只是個小黑點；太陽系和宇宙比，太陽系竟看不見了，比微塵更小。

但「心寬可以包宇宙」，我師父星雲大師和林錫嘉師父證嚴法師，都說過這樣的話。宇宙太大了！不可想像的大，如何才能從東宇宙旅行到西宇宙？有什麼辦法？也超出想像和假設之外。但愛因斯坦的相對論提出科學根據，謂「空間可以折疊」，把宇宙空間折疊起來，速度加到光速，可以經由「蟲洞」，瞬間穿過宇宙的不同空間，從一星系到任一星系都可來去自如。有這樣宇宙觀的人，他必然就是個巨人，他的「$E=MC^2$」，只是一首三行微型科學詩，卻有震懾宇宙的雄霸威力，是人類歷史上可以穿越時空的「龐然微型詩」。

詩人林錫嘉是虔誠佛弟子，從他的作品看出一些佛教宇宙觀。《維摩詰經》曰：「若菩薩信是解脫者，以須彌之高廣，納芥子中，無所增減。」須彌是一座大山，芥子是極微小物，須彌竟可藏芥子中，詩人是了解這樣道理亦如是心寬，乃有如愛因斯坦的宇宙觀。（註①）但佛法的宇宙觀時空觀念，愛因斯坦是最佳論證者，如此寬廣之視野，林錫嘉亦能以詩說之，賞讀〈海〉。（註②）

這一滴淚
到底是誰掉的？

靜靜，深夜
如此憂鬱

可以從兩個層面賞析這首詩。先是時空感宇宙觀，海、大海，泛指地球上所有海洋，佔地球總面積七成以上，所以地球應該叫「海球」才必也正名之。但「海球」看起來只是一滴淚的大

小，詩人應有何種「高度」才能有這樣「視野」？佔在太空站、月球、火星、太陽或更高更遠處？那一點？才能看「海球」如一滴淚！或許我們可以「反瞻」實證，我們夜晚看最遠處星星，那一顆大小如一滴淚，那位置便是詩人所在的視野，詩人俱有幾可心包宇宙的廣寬心胸，才能創作這首詩。「這一滴淚／到底是誰掉的？」是誰創造了宇宙萬物？詩人如是問？天主教說上帝創造，佛教認為宇宙萬物都因緣和合而成，愛因斯坦和漸凍人科學家霍金則同佛教看法。

漸凍人大科學家霍金（Stephen W. Hawking）認為，宇宙從「大爆炸」開始有時間，之後各種因緣合成而有萬物。大爆炸之前沒有時間，故上帝也沒有時間創造宇宙。（註③）「海球」當然也是大爆炸「炸」出來的！

第二層從詩意解讀，一滴如大海般的淚，是很巨大的，是什麼巨大傷痛造成的？造成傷痛的來源不外兩處，心內和心外，但主客合一，可能詩人曾經碰到很大傷痛。隔了很久，雖已「放下」，深夜思之，依然如此憂鬱，要完全放下也難，因為曾經落下如大海般的淚！

〈海〉詩，不論從宇宙觀時空感讀之，俱有震懾宇宙時空的霸氣，就詩論詩也有不凡的寬廣高度。雖僅有四行，卻是一首「龐然」微型詩。（註④）另一首有趣的詩很有

時空感，〈肚子〉。（註⑤）

「請問，能撐船的肚子怎麼造？」
他扮個鬼臉
閉上一隻眼睛

趣味中藏著深度的詩，（原文排成四行應是為印刷方便），肚子能撐船表示心胸寬大有肚量，但為何要「閉一眼」才能有肚量，表示這個世界很污濁，人人都不能仔細看，要仔細看（或放大鏡看），人人都「不是人」。網路上流行這麼一句話，「豬始終都是一頭豬，人未必始終都是人」，很有啟示性。

〈肚子〉詩尚有弦外之音，閉上一隻眼睛可以肚寬撐船，若有兩眼都閉上呢？是否就心包宇宙？這當然未必。事實上，人有多少肚量心胸，與閉不閉眼睛無關，那只是一種比喻。但有關無關詩可不管，詩創造了空靈空間，供讀者自由想像，詩雖短小，詩意龐然。賞讀〈見古爾班通古特沙漠〉。（註⑥）

我瞇著眼睛
輕輕推一下沙漠
卻驚動了睡覺的他
一波波逃向遠方

沙漠擬人化成「睡覺的他」，讓沙漠意象鮮活起來，這沙漠我未去過，現在只賞詩意不管地理。「**我瞇著眼睛／輕輕推一下沙漠**」，旅行很辛苦、很累，常三更半夜趕路，在遊覽車上長途「奔襲」，所以詩人很累，瞇著眼睛快睡著了，終於到達安排的景點。「輕輕推一下沙漠」，其實是剛剛到的意思。

這首詩的時空感體現在後兩句，「**卻驚動了睡覺的他／一波波逃向遠方**」。前句表示沙漠很寂靜，但遊覽車帶來人潮驚醒了他，而他（沙漠）不願「被參觀」，一波波逃向遠方。這「遠方」二字空間上指很遠的地方，時間上指逃向久遠以前，逃回從前，也有很寬廣的時空想像，相信不同的讀者會有不同的時空感。

這首詩似乎也點出現代社會的「觀光政策」，發展或不發展都是問題，好的觀光景點帶來人潮，有人潮就有錢潮。大家有生意做，有白花花銀子可撈，卻同時帶來負面問題，如衛生、交通、居住品質等。近幾年來，台灣地區有「秘境」公開後，因人潮帶來髒亂，又「一波波逃向遠方」（即被迫關閉）。如這首詩，沙漠也不想被遊客打擾，人潮來了他只好逃向遠方，詩人也站在客觀（沙漠）立場，說出了沙漠的心聲。

註　釋

①佛教的宇宙觀可看《金剛經》和《地藏菩薩本願經》，愛因斯坦的宇宙論可以檢證佛法的宇宙觀，這需要讀者自行深入研讀相關經典。

②林錫嘉，〈海〉，《華文現代詩》第九期（台北：文史哲出版社，二〇一六年五月），頁八一。

③史蒂芬．霍金（Stephen W. Hawking）著，許明賢、吳忠超合譯，《時間簡史》（台北：藝文印書館，民國八十五年八月）。

④詩壇上有微型詩、小詩、中詩、長詩等區分，並無定論。本人以為用行數區分，意義不大，不妨保留自由彈性，隨人運用。

⑤林錫嘉，〈肚子〉，同註②書。

⑥林錫嘉，〈見古爾班通古特沙漠〉，同註②書。

第六章 《親情詩集》㈠庇護舊巢的母親

從《學詩初稿》到《親情詩集》約間隔十年，此期間林錫嘉除台肥工作，剩餘時間全部獻給創作和家庭，別無旁騖。寫詩、散文、翻譯與參與文學活動。（詳見第一章和書末年表）從他所獲得文學大獎，證明「十年磨劍」成果，全國優秀青年詩人獎（民五十七）、青溪文藝散文銅環獎及新詩佳作獎（民六〇）、中國文藝協會詩歌文藝創作獎（民六十二）。

《親情詩集》（台北，長歌出版社），民國六十八年五月出版。顧名思義，這本詩集寫的全是有關親情，詩壇上作品如海，從未有專寫親情的詩情出版，其中必有因緣。在該書〈自序〉裡，詩人提到他們一家搬住基隆「榕林」山上所寫。榕林風景幽美，詩人隱居的一段日子，每天除上下班，絕少應酬，假日就和妻女在翠綠的榕林中嬉戲。享受天倫之樂外，也想念住在下港的年邁父母。因思親更切，一顆心總牽掛著，「親情」

詩章便一一誕生了，親情也在詩裡有了溫熱。但其〈自序〉中有一段「真情告白」，讓我感慨萬千。（註①）

> 我們的國家足以爲傲的，就是可貴的「親情」，我們自呱呱墜地至老朽，都一直生活在親情的關愛中。小孩兒有爺爺、奶奶、父母、姑姑等的呵護，老年人也有兒女、孫子們的奉養孝敬。我們就生活在如此充滿恩愛和安祥的社會。雖然生活環境變遷，時代轉換，可是親情依然深植在我們每一個中國人的心中。

這是民國六十八年春，詩人在序裡發自內心最真誠的一段真情告白，至今（二〇一七年春）將近四十年了。四十年不算太久，但已使台灣社會人心因政治操弄而變質了，人很容易被「洗腦」而「變質」，左派變右派，右派變左派，有是非變沒是非，有倫理變無倫理，有親情變無親情，青年要婚變不婚……反正台灣從一個正常社會，已趨向崩解、沉淪……

我說太悲觀嗎？相信詩人所說那段話，在那個年代，筆者也是肯定的、認同的。然而現在呢？吾以為，已經變了！若有質疑者，可以針對大學生或社會人士，做簡易的「民意調查」：

㈠我們國家足以為傲的，是「親情」嗎？

㈡我們從小到成人、老去，一直有親情關愛嗎？

㈢現在小孩都有爺爺、奶奶、父母、姑姑等呵護嗎？

㈣現在老人都有兒女、孫子奉養孝敬嗎？

㈤你的兒女孫子以後會奉養孝敬你嗎？

㈥現在台灣社會是充滿恩愛和安祥的社會嗎？

㈦你是中國人嗎？

以上七個命題可以有多種問法，或許不能有立即給讀者做調查，得到客觀答案。但現在台灣社會最流行的，是任何時候「喝咖啡聊人是非」，已成「全民運動」，拿這七題做問答，相信很多人是失望，乃至絕望的。

我有一個弔詭的看法，台灣社會的親情已成「稀土」，極稀有的東西，「物以稀為貴」，親情已如「鑽石」，是稀有的存在，已非往昔「普遍性的存在」。如是，才讓人覺得四十年前那種親情倫理的可貴，這也是林錫嘉這本《親情詩集》的價值。當這個社會親情倫理因政治操弄而崩解！當族群撕裂，大家不敢說「我是中國人」！至少在詩人的詩集裡，保住了「親情化石」，以「中國人」身份的光榮述說親情「曾經存在」！

人真是很無厘頭的物種！長毛象絕種了，才感覺牠是寶貝，當獅子老虎熊貓成為「稀土」，才知道牠的可貴，千方百計要保護牠。台灣社會的倫理親情已成「稀土」，我們才要認真賞讀林錫嘉現代詩裡的「親情」世界！

《親情詩集》一書，主要詩寫詩人的「思親」心情。對象有父母、妻子、孩子。另最特別的，詩人心中的「親人」尚有更寬廣的意涵，大陸祖國山河大地人文、長江、黃河等，都是詩人心中牽念的「親人」。啊！錫嘉兄，我輩革命軍人要向你學習，海內外中國人要向你致敬！中華民族以你為榮，我打從心裡叫你「民族詩人」！

針對林錫嘉這本詩集，筆者選讀給母親、妻子和祖國山河三種「親情」，賞析詩人在這三種角色世界的情意表現，各作一章。本章先賞閱詩人寫給母親的，首先是〈母親〉。（註②）

總是有一種聲音在成長
孩子的樹
母親每天教他語言
一些誠懇的手勢

樹慢慢長高
語言也漸漸繁嘩了
手勢也學樣曖昧
他們總仰望遼闊的天空

大地
母親等待的懷抱
僅能等待
不經意掉落的
一枚葉片

即使只是空望
做為母親
也只能重複這種淒清的喜悅
庇護一窩
沒有雛鳥的舊巢

「**溫馨的榕林／總是有一種聲音在成長**」，這種聲音是「活的」，是有生命的，這個意象很新奇。這是什麼聲音？表示在心中越來越大聲，思念母親的心聲，或母親思子的呼喚。這種思念天生存在母子基因中，所謂「母子連心」，不論母子隔了多麼遙遠，兩地思念的能量必會連接，孝心可感動天地，加上詩心的真性情，「聲音的成長」永無止境了。

這裡的「母親」有兩位，詩人的媽是母親，孩子的媽也是母親。似乎只要當了母親，就得帶著孩子，教他語言、手勢，孩子是一株小樹苗，「**樹慢慢長高……他們總仰望遼闊的天空**」。生物（一切動物、植物）天性皆如是，長大就想「跑了」，是謂「翅膀長硬了」！總看到外面寬廣的天空、無限亮麗的引誘，是謂「男兒志在四方」。必待有一天，老了、累了、失意了！才想到要「落葉歸根」，或想到老父老母，「堂上椿萱雪滿頭」還算幸運，多得是椿萱不在的遺憾！

但當媽的似乎只有等待，無窮無盡的等待，母親的等待成為一種「天命」。「大地／母親等待的懷抱／僅能等得／不經意掉落的／一枚葉片」，這段有些弔詭的意涵。其一、母親的等待很不值得，永遠都是失落的；二者、兒女對父母的回報是極少極少的，甚至是無心回報的，如不經意掉落的一枚葉片；三者、父母養兒育女永遠是無條件滿滿的付出，兒女孝養父母不僅難以等同，通常也容易受各種原因而質變。我想，詩人最大的本意，是一種謙卑的胸懷，自我反思做得不夠好、不夠多，並同時警示天下身為兒女者，盡早把握機會孝養父母。

生命真奇妙！為生存發展，為演化傳承，必然有公（父親）有母（母親），各盡本職角色。但當新生長大，遠走高飛，為何只有「做爲母親／也只能重複這種淒清的喜悅／庇護一窩／沒有雛鳥的舊巢」。而那些當父親的，都幹啥去了？父親在外苦幹養妻兒，孩子都「看不見」；家事都媽媽包辦，孩子「看見」了，包含包粽子，粽味孩子永遠記得，賞讀〈肉粽語〉。（註③）

我的心
包藏著
母親的愛

我要靜靜的垂掛
細味
母親的雙手
繫綁時的力量
蒼勁而又溫暖的
有如包裹的竹葉

那手
飽蘊著親情　以及

高節的叮嚀
都暖暖的流入
我的心中

不論誰的手
來剖開
我都將給他
融和著竹葉的
芳香

這是「物語」詩，詩人替（或借）物述情，但詩的誕生，在詩學理論上必是「情往感物」和「物來動情」的結果。有了「情感交流」，粽子才會說「**我的心／包藏著／母親的愛**」，才會感受繫綁的力量，升起內心一股蒼勁溫暖的芳香。大約普天之下，只要媽媽包的粽子，兒女吃了都是如詩人之感受。當然世間事都有例外的是，那些倫理盪然、親情不在的，必然就感受不到這種珍貴的愛。

若路人甲在市場買一個粽子填肚子，也絕不可能感受母愛的溫暖，因為欠缺「情感」要素，情往不感物，物來不動情，有的只是生理需求的飽足感而已。

但詩人最終發了「天下為公」和「捨身供養眾生」的精神。「**不論誰的手／來剖開／我都將給他／融合著竹葉的／芳香**」，媽媽包的粽子，也願意用來「供養」任何人，不管誰吃了，都像在吃自己母親包的粽子。最後這段讓詩意詩境擴張了視野，從「親情」擴張到「無緣大慈、同體大悲」的精神。原來詩人體內早已流著佛法的基因，這種基因和他父親有關（後述）。先讀另一首現代孩子聞所未聞、見所未見的〈竹吹〉。（註④）

母親的唇
輕輕吹過的
母親的手
暖暖握過的
竹吹

不再有大灶的廚房

它只能無聊的
靜躺在
貯藏室裡
回憶昔日母親唇間
那股暖流
溫享自母親手心
流出的慈愛

寂寞時
我撫竹吹
竟而在依偎中
同時聽到母親的叫喚

「竹吹」是一種生火助燃工具，約不到一公尺的竹管，中間打通，吹氣以生火燃燒，助長火勢等。現代家庭早已不用，現在孩子（或五十歲以下），從未見過，可能只在民俗博物館見過，聽人解說，亦有看沒有懂。當然，更不可能「有感覺」。

大約在民國四十八年以前，台灣地區一般人家，廚房裡以「灶」（竈），燒柴（或任何可燃物）生火煮飯菜。灶旁貼一張「灶神像」，灶前一堆木材待燒，必備有一根「竹吹」，用來助燃。到了有電鍋煮飯、有瓦斯爐炒菜，灶不見了，灶神也失業了！竹吹也只好被有心的民俗博物館收留，心不甘情不願的當古董吧！筆者亦以本文紀念它曾為人類生活有過貢獻。

詩人想念媽媽，「寂寞時／我撫竹吹／竟而在依偎中／同時聽到母親的叫喚」，寫著寫著，筆者也想起自己的媽媽，握著竹吹吹火的神情！就如不久前的情境。

前面提到〈肉粽語〉一詩，親情擴張到「無緣大慈、同體大悲」，詩人精神來自父親的基因。證據在詩人《六六集》一書中一篇散文〈父親〉。（註⑤）該文回顧父親秤餅貨給人時，總說「多給人一兩半兩！」這短短一句話，是詩人父親最常說的。

老先生走了，留給詩人「多給人一兩半兩」的人生哲學。詩人坦言，「這已經夠了，夠我享用一生！」父母的行誼和精神，必在林家代代傳承！

註釋

①林錫嘉，〈自序〉，《親情詩集》（台北：長歌出版社，民國六十八年五月），頁四－五。
②林錫嘉，〈母親〉，同註①書，頁十－十一。
③林錫嘉，〈肉粽語〉，同註①書，頁一七－一八。
④林錫嘉，〈竹吹〉，同註①書，頁一九－二〇。
⑤林錫嘉，〈父親〉一文，詳見：沈靜、吳鳴、林錫嘉、陳煌、陳幸惠、蕭蕭合著，《六六集》（台北：九歌出版社，民國八十三年二月十日），頁五五－五八。

第七章 《親情詩集》㈡妻之讚嘆

不知如何詮釋這種現象？古今中外詩人作品何其多，讚嘆情人的極多，讚嘆妻子的極稀；讚嘆愛情的作品亦多，讚嘆婚姻制度更少，似未曾讀過。我們是宇宙間唯一的「智慧」生物，到底有沒有智慧？

幾千年來，婚姻制度下「丈夫」和「妻子」，是人類文化文明發展的重要角色和動力，人類這物種才得以代代正常傳承，生生不息發揚光大，貢獻至鉅。而情人、愛情，雖然亮麗刺激，不過如天邊流星劃過的光彩，瞬間斷滅，對人類文化文明貢獻何其寡少！這些不過個人讀詩稗記，所觀察到的「客觀現象」，不知如何合理解釋而客觀存在的普遍性事實！當然，偉大的愛情文學也算對文化文明的貢獻！

台灣詩壇當然如是，男詩人寫情詩讚嘆「情人」亦多，有公然行之，但以「精神外遇」的情詩居多。寫讚嘆妻子的詩則極少，稀有的幾位像是給老婆的「應酬詩」，少有情意內涵。林錫嘉這本《親情詩集》是個異數，讚嘆妻子的詩真情流露，極有感染力，在台灣詩壇上真的「物以稀為貴」。特選數首賞閱，〈妻的手〉。（註①）

妻的手
那晚以後
已開始流動著我的血

什麼時候
浣洗穿髒的衣服
什麼時候
扶著門閭等候
我回家
妻的手知道
什麼時候
從冰箱端出黑松可樂

安靜孩子們的喧鬧
妻的手知道

妻的手
掀開我演出的世界

妻的手
是家中最美的裝飾
一隻水仙
散發著優雅的芬芳

這樣遙長的人生旅途
妻的手知道
妻的手都知道
攙一隻如風的手

安祥的走過

傳統詩寫「妻的手」，大多是「玉筍」變「黃瓜」，這是習慣意象的運用。錫嘉兄這首〈妻的手〉不從此道，而按功能作用述之，開宗暗義就道妻的手「那晚以後／已開始流動著我的血」，有很多想像空間，也有性的聯想，讀者大可自由心證之！

「那晚」是那一晚？新婚初夜之晚嗎？也可以解釋成詩人「熱血」沸騰的感動。第二段「什麼時候／浣洗穿髒的衣服……安靜孩子們的喧鬧／妻的手知道」，表示妻的手是「萬能的雙手」，完全包辦了所有家事。做好飯菜「扶著門閭等候」詩人「老爺」回家吃飯，身為丈夫的夫復何求？他可以專心去拼事業。

「妻的手／掀開我演出的世界」，妻的手是象徵，表示妻對詩人有「啟蒙」作用，詩人能在工作上順心愉快，文學創作有亮麗的成績，人生舞台演出成功，老婆的手是「推動歷史前進的手」。吾人所述，一個成功的男人，背後一定有一個了不起的女人，詩中這位賢妻正是。所以，這妻的手不論經過多少年風霜，還是「家中最美的裝飾／一隻水仙／散發著優雅的芬芳」，一個家庭是否幸福美滿？關鍵在「妻」，家族和諧關鍵亦在「妻」，這是我所觀察到的「普遍性真理」。

台灣民間有句俚語，「娶一個好太太，勝過拜三個天公祖」。就是說有個好妻子，勝過天天去拜三個大神（如佛、菩薩、玉皇大帝等）；又有說「歹某害五代」，即是說娶到壞老婆，禍害五代祖孫族群人。這些是民間流傳的「智慧語錄」，可見一個好太太，對整個家庭、家族的重要性。老婆可以撐起一片天，也可以整垮一片天。家庭、家族若是一團和諧，必和某些房「妻」有關；反之，家庭、家族處處結怨，倫理關係惡劣，也必與某些房「妻」有關，不信者可慢慢去觀察。

人生苦短，而旅途漫長。「這樣遙長的人生旅途／妻的手知道……安祥的走過」，有好妻可以共遊人生旅途，同行菩薩道。錫嘉兄，這是人生的圓滿，多少年代才能修來的福氣？再一首〈給妻子〉。（註②）

榕林擁抱的
這恬靜的家
如你的手
環抱著
粗糙的

嫩翠的
都一樣可愛

十年過去
姿態依然清新
十朵嬌美的玫瑰
自你粗糙的手中綻放
你是琴
我就輕輕撥動你柔細的絃
讓一種低低的聲音
浪濤般為我們
歡唱

那一天我們去聽楊兆禎演唱民謠
那一天我們去看席德進畫廟神

那一天我們吵架
（二天不說話）
然後又如古人說的
床頭打，床尾和
而我們不只是在夜的床上
來夫妻一場
我們是二條融合的小河

所有的月明夜
所有的暴風雨
我們都會輕輕相互攙扶
熱情的把心歌
唱向世界

這是一首兼俱夫妻與情人雙重意涵的詩，前兩段情詩味濃，後兩段夫妻之情的寫實。結婚到了第十年，還有一點浪漫情人味，這是天底下所有婚姻關係極少有的奇蹟，深值筆者費心費時著墨頌揚之。

一般認為「婚姻是愛情的墳墓」，是常態而合理的，世間有情男女，婚姻關係一開始，便是愛情的終點站。民國初年，「徐志摩與陸小曼」的愛情，可謂是轟動武林，驚動萬教。有婦之夫的徐志摩和有夫之婦的陸小曼，最後排除萬難終於結婚了。一結了婚，徐志摩馬上便有了幻滅感，愛情的光彩瞬間熄滅。為什麼？梁實秋先生說：

> 一旦接觸實際，眞個的與這樣一個心愛的美貌女子自由結合，幻想立刻破滅。原來的愛戀成了恨，原來的自由變成了束縛，於是從頭來再開始追求心目中的「愛、自由、與美」。這樣週而復始的兩次三番下去，以至於死。在西洋浪漫派的文學家裡，有不少這種「浪漫的愛」的實例。雪莉、拜倫、朋士……乃至盧梭，都是一生追逐理想的愛的生活，而終於不可得。（註③）

徐志摩式的「理想主義的浪漫主義」，悲劇收場是屬必然，就是次級「浪漫主義」的愛情也僅瞬間。吾以為，生命是現實的，離不開五穀雜糧吃喝拉，務實面對人生是必須的，如錫嘉兄的詩「來夫妻一場／我們是二條融合的小河」，相互扶持度過暴風雨，「熱情的把心歌／唱向世界」，正是所謂十年修得同船渡，百年修得共枕眠，都要珍惜相處的當下。

結婚十年還有一點浪漫是多數夫妻做不到的，婚姻生活若完全陷於「現實面」，也會變得很「無趣」，無趣持久變無聊、疏離，婚姻危機於焉埋下「種子」。只要任何「誘因」（內、外）出現，婚姻家庭都可能解體。所以，婚姻生活也須要少許浪漫主義加味，林錫嘉深悟其間妙理，「十年過去／姿態依然清新……你是琴／我就輕輕撥動你柔細的絃……」浪漫是婚姻生活的糖，詩人是務實的浪漫者。賞讀另一首〈冬夜〉。（註④）

每一次摸到脖子上
厚絨圍巾
就會想起那年冬夜
自妻手中
掉落的毛線團
拉成一條長長的

情意
牽繫我

於是我會濃重的想家
十二月的手
悾惚提起雲袋
歸去

冷風不曾相識
仍擁我的臉親吻
路親切的傾聽
疲倦的腳
細訴
就好像家是一把

親切的椅子
任何時刻
都在等待
我倦遊後
疲憊的坐入

疲憊的重量
是很難說明的嗎？
不然
椅子怎會
「呀」的嘆息。

所謂「男主外、女主內」分工模式，幾千年來東西方社會演進史，大約都相同，家庭中的男人跑外（工作、打仗等），女人則守著家庭兒女。於是，女人在家思夫君，男人則在外想家、想愛妻，從生理心理學看，應該也是人類這物種的正常反應，只是程度因人而異。

但打開古今詩史，寫女人在家思君多，寫男人在外想家想妻兒的作品則稀少。如李白〈春思〉，「燕草如碧絲，秦桑低綠枝；當君懷歸日，是妾斷腸時。春風不相識，何事入羅幃？」，還有另一首〈怨情〉等都是，老婆想在外的老公，思念得肝腸斷裂。但其實男人在外也想妻兒，之所以少見於詩文，可能是顧及男人的尊嚴吧！若要剖析，也仍可以做很多文章。

在這兩情相思海中，男人在天邊過著苦日子，唯一可以解相思的，是身上帶著離別時女人給的物品。例如，萬喜良去築長城，其妻孟姜女特縫一件冬衣讓夫君帶著，有了東西在心理上產生了「物來動情」和「情往感物」的交流。古今中外不少偉大的愛情故事，如是這般誕生，也產生許偉大的文學作品，這是愛情的功能吧！

〈冬夜〉定是某年詩人工作在外，冷冷的十二月，寂靜的夜，妻贈的圍巾掛在脖子上，不覺一股暖流愛意上心頭，詩興大發。「自妻手中／掉落的毛線團／拉成一條長長的／情意／牽繫我」，詩人寫詩最佳來自自然天成的靈感，兩情牽繫正是靈感的泉源。

在那個年代，我記得女孩子幾乎人人會打毛線，可用於戀愛中爭取加分。而男孩子也幾乎人人在利用機會磨練談戀愛技術，寫情書是一門重要功課，男孩通常不怕失敗，一個接一個練習「戀愛技術」。到了有一天，女孩送男孩一條她親自打的圍巾，表示你被她接受「綁住」了，戀愛成功！曾幾何時？到了廿一世紀，竟男孩不把「馬子」，女孩不釣「性子」，真的時代變了！

男人在外打拼，思念老婆孩子，內心是很寂寞的。好不容易要放假了，終於可以奔向妻的懷裡，享受家的溫馨。歸途上「冷風不曾相識／仍擁我的臉親吻／路親切的傾聽／疲倦的腳／細訴」，這種情境筆者最能感同身受，年輕時我從馬祖高登回台休假，歸途常要兩三天，說給現代人聽大概都不相信！

後段把家形容成一把椅子，這個意象很新奇，也有溫馨的感覺，因為椅子就是給人坐下休息的。「**就好像家是一把／親切的椅子／任何時刻／都在等待／我倦遊後／疲憊的坐入**」，這裡的詩意也在暗示，妻子兒女任何時刻都在等待，等待男人回家好好休息。

最後椅子「呀」的一聲嘆息，亦有弦外之意。「**疲憊的重量／是很難說明的嗎？**」為什麼男人都在外面搞累了才會回家？搞什麼搞得這麼累？不累不回家嗎？女人始終要弄清楚，男人始終說不明白，講不清楚。

註釋

①林錫嘉，〈妻的手〉，《親情詩集》（台北：長歌出版社，民國六十八年五月），頁三四－三六。

②林錫嘉，〈給妻子〉，同註①書，頁四〇－四二。

③劉心皇，《徐志摩與陸小曼》（台北：大漢出版社，民國六十七年八月十五日，二版），頁一五七。

④林錫嘉，〈冬夜〉，同註①書，頁三七－三九。

第八章　《親情詩集》㈢長江黃河說我父母語

這一章的核心內涵，涉及目前台灣社會最可怕、最敏感、也最邪惡的台獨問題。這樣意涵的問題，本來是文學的邊陲，屬於詩領域以外的事，本應「略過」不提。但錫嘉兄以「長江黃可說我父母語」的真情詩說，把祖國大陸的山河大地視為「親情」，這樣了不起的民族情操，吾若「迴避」，立即轉變成我是「問題」——我有問題！

再者，詩乃詩人真性情的流露，是詩人言志或感情的詩語言表達，所以中國文學理論認為「詩品」即是「人品」，二者俱有極高度合一性。今詩人以詩說「祖國的江河」、「在我的國家」，長江黃河流入我心田，如一種親切的父母語。他是中華民族的好兒女，可敬的中國人、中國詩人，吾若迴避，則吾作「林錫嘉文學研究」，豈不「顧左右而言他」，刻意忽視詩人心意，吾將如何以對？筆者自己則成為不夠誠實的作家，儒弱的詩人，自己對自己也交待不過去！

幾經思索，我決定直指詩人的核心價值，針對詩人之詩心詩意，彰顯詩意象意涵。本於詩人作家的真性情，言所當言，說其應說，於錫嘉於我自己，兩皆無愧。我相信，人生旅途面對各種問題，亦當如是。

首先要解說本章題目的歷史背景環境和台灣現狀。詩人視神州大地是「祖國」，大陸人民是「同胞」，而「長江黃河說我父母語」，這等於說「我的國家是中國」。這樣的說法本來是正確的，那時社會一團和諧，族群沒有撕裂、對立，因為大家都是中國人。

當此台灣地區人民迷失之際，有人不敢面對自己的祖宗，而大搞去中國化，醜化中國人和中國文化。就是在文壇詩界迷失者亦不少，就更突顯林錫嘉這樣的「詩說」，是多麼可貴，賞讀〈我的江可〉。（註①）

我的腳步
不疲憊的
緊跟在
十月的燦爛之後
走到了

十一月的長江與黃河

在我的國家
有兩條
歷史的江河
如今
時刻在我心中
洶湧著
鄉音

如果你站立的
不是自己國家的土地
縱使
你匯聚千萬熱淚
也流不出一條自己的山河

祖國的江河啊
你總在我奔忙的日子
隨著深深的腳印
流入我的心田
如一種親切的父母語
日日叮嚀

可曾有人還記得「光輝的十月」？十月十日國慶日，二十五日光復節，三十一日蔣公誕辰紀念日。（蔣公是我黃埔老校長，我還特別懷念他老人家）那時，我們舉國同歡，詩人說「**我的腳步／不疲憊的**」，這表示詩人在十月整月的慶祝活動，積極參與也不覺得累。接著「**走到了／十一月的長江與黃河**」，十一月也有重大慶典，那是十二日的國父誕辰紀念日。但為何說十一月的長江和黃河，這意象「跳」的有點遠，惟不外意指詩人心中牽掛著神州大地的江河。而醞育中華文化且最能代表中國地理象徵，正是長江和黃河，這是詩的起首式。

接著詩人直白指出，在「**我的國家**」有兩條歷史的江河，當然就是長江和黃河，真正的語言是「我們的國家叫中國」。這是毫無問題的，我們都是中國人，中國當然是我們的國家，五千年來始終叫「中國」，期間有很多朝代和政權。詩人所牽掛的，正是這有五千年文化的中國，「**時刻在我心中／洶湧著／鄉音**」。這個「鄉音」用的極親切，表示大陸山河大地如同詩人的故鄉，長江黃河浪濤聲就如「老鄉」的語聲，詩人和整個中國大地人文，有著同心同德的精神連繫。啊！錫嘉，中華民族有你真好，你是清醒的台灣詩人、中國詩人！

第三段意象似乎不夠明確，卻有鮮明的警惕感。「**如果你站立的／不是自己國家的土地／縱使／你匯聚千萬熱淚／也流不出一條自己的江河**」。詩人很清楚自己是誰！所以對中國、中華民族是高度認同的，因此「台灣地區」和「大陸地區」，都是「**自己國家的土地**」，毫無疑問，詩人的詩意與心念均如是。所以，這段詩意是一種警惕，警惕國人「不可再丟失一寸國土」（如台灣割倭事），造成你站立在「**不是自己國家的土地**」的悲劇；若再出現這種悲劇，「**你匯聚千萬熱淚／也流不出一條自己的江河**」。人民將有流不盡的眼淚，全部成為被異族異形統治的難民（如倭國竊台五十年）。

詩人有如是信念和認同，「**祖國的江河啊……流入我的心田／如一種親切的父母語**

／日日叮嚀」，詩人所懷抱的不再止於台灣地區，而是胸懷全中國，都是「我的國家」，都是「自己國家的土地」。不論長江、黃河或濁水溪，乃至愛河、淡水河……水聲聽起來，都有如父母的言語那般親切！

著名詩人、詩論家蕭蕭在談現代詩未來發展就堅定說過：「空間上，是台灣鄉土的關懷。時間上，是中國文化的認同。」文化更是每個民族「安身立命」的永久根基，詩人要從中國文化的冶鍊，才能造就明日現代詩的巨人。（註②）蕭蕭強調，時空不可兩分、獨存，展望現代詩的新動向、新風骨，唯有在台灣鄉土與中國文化的認知、認同之下，才能堅強有力，奔赴更遠大的新境界。期待從台灣鄉土伸展為中國文化的偉大詩人、偉大詩篇！蕭蕭的論述期待，林錫嘉則是力行實踐的詩人，從台灣鄉土關懷伸展為中國文化認同的可敬詩人。

早在一九七九年，著名詩人高準談〈中國文學的前途〉，對台灣詩歌前途展望其中之一，是「要發揚民族精神，創造民族風格，不能再走全盤西化的死路。」（註③）高準素有「民族文學的良心」稱號，從林錫嘉〈我的江河〉一詩視之，稱他是現代中國「愛國詩人」不為過吧！

深入研析錫嘉兄這首〈我的江河〉一詩後，也讓我感慨萬千。才不過幾十年前，台灣以復興中華文化為已任，現在搞「去中國化」文革；當年「我是中國人」，是社會上普遍的自然事情，現在聽到「中國」就嚇壞了，從自卑形成了膨脹，獨派媒體不擇手段的醜化中國、醜化中國人，陷台灣於不利不義不德，這是可怕的事，自我毀滅的事。

《親情詩集》一書，被詩人視為「親情」的範圍很廣。一般認為親情大概指有血緣關係的父母、兒女、兄弟姊妹等。但錫嘉這本「親情」包含血緣關係以外的，如大陸河山、台灣山水、樹木、住家附近的黃蟬、榕林等，可見詩人心胸之寬廣，早已超越「親情」想像之外。賞讀這首〈杉樹——那棵擁生命寧願受踐踏的杉〉。（註④）

昨夜
黑夜藉狂風的手
把那棵堅挺的杉
推倒
傾倒頃刻
綠火霎時劃破灰色天幕
歷史傾塌

我所喜愛的
鄰居們所喜愛的
朋友最讚賞的
杉
四十年來
凌然與風雲並屹
諦聽大地的聲音

今晨
鳥從遠方來
竟找不到那堅壯的翅翼
與之共戲
很多人熱心的幫忙

重新扶植
這棵乃他們信念的杉

於是大家歡騰著
杉樹的重生時
我在腳邊
發現了一根
折斷的枝椏
傷口正淌著血
鬱然之中
還聽到大家説
「杉仍然堅挺如昔。」

這是詩人和一棵杉樹的「親情」詩寫，有點離奇或想不通、看不懂。讀者客官，你聽過誰把一棵樹當親人嗎？人和樹有親情關係，而且詩人還感受到「折斷的枝椏／傷口正淌著血」，杉依然堅挺如昔。

用哲學語言這是天人合一或物我合一，佛法語言是「無緣大慈、同體大悲」，詩語言可以叫「物化」。（註⑤）所以，〈杉樹〉一詩，可讀出詩人的哲學高度、宗教情操和詩學境界之不凡。

賞讀林錫嘉《親情詩集》，可能是全台灣的唯一，也可能是全中國的唯一。能把大陸山河人文、台灣榕林杉樹也視為「親情」，此應身為中國人最可貴的情操，最感人的真性情！

註釋

①林錫嘉，〈我的江河〉，《親情詩集》（台北：長歌出版社，民國六十八年五月），頁六四－六五。

②蕭蕭，《現代詩縱橫觀》（台北：文史哲出版社，民國八十九年二月），輯一〈展望現代詩的新動向新風骨〉，頁一九－二四。

③詩潮社編，《民族文學的良心——高準作品評論選》（台北：文史哲出版社，民國八十一年八月），〈高準文藝思想摘要〉，頁三八〇。

④林錫嘉，〈杉樹〉，同註①書，頁五一－五三。

⑤吾國詩歌意境論，把藝術構思的最高境界叫「物化境界」。所謂「物化」，是審美主體和審美客體互化為一的境界，如寫牛自己「忘身」成牛，寫杉樹時自己就是那杉樹。藝術到了物我合一，意境便誕生了。特須一說，此物化並非現代女權主義或商業廣告中，將女人物化之「物化」。

第九章 《竹頭集》㈠生活與民生竹具的詩說

當我開始研析林錫嘉這本《竹頭集》詩集，首先想到「竹頭」之意，若照平常之解，竹頭就是竹頭，並無深意，更無詩意。不就是一顆「竹頭」嗎？我小時候天天都會看到、碰到，農夫想丟沒人要，一大堆又硬又重的竹頭，燒也很難燒，是竹林裡不好處理的「廢物」！

所以，我得往深處挖。有這句成語「竹頭木屑」，源自我國《晉書．陶侃傳》：「侃時造船，木屑及竹頭，悉令舉掌之，咸不解所以；後正會，積雪始晴，廳事前餘雪猶濕，於是以屑布地；及桓溫伐蜀，又以侃所貯竹頭作釘裝船。」成語典故，比喻人辦事周密，不遺小事，或言大可利用的廢物，使廢物變寶物。用現代語言，正是「垃圾變黃金」是也。我研讀《竹頭集》五十二首詩，全書之意涵或價值，最接近「竹頭木屑」之意，竹頭本是無用之意，但竹頭入詩就成了文學作品，成為寶物。

詩人為何以十年歲月寫《竹頭集》詩，這和詩人的成長背景、環境、因緣等有關，就像許其正為什麼會成為「田園詩人」一個道理。詩人所寫都是以自己身邊事最為自然，這是詩人最能有「感覺」的範圍。我研究過不少詩人的作品（如王學忠、范揚松、一信、魯迅、海青青、葉莎、鄭雅文、莫渝……），為什麼會寫那樣的作品？都源自主觀的背景和客觀的外在環境「自然」形成，林錫嘉寫「竹頭詩」數十首，其創作因緣亦如是。到底所謂「自然」形成，是怎麼一回事？司空圖如此解說。（註①）

俯拾即是，不取諸鄰。俱道適往，著手成春。
如逢花開，如瞻歲新。真與不奪，強得易貧。
幽人空山，過雨採蘋。薄言情悟，悠悠天鈞。

逐句詮譯如下：

俯拾即是，不取諸鄰：身邊隨手拈來，頭頭是道，不須遠求。
俱道適往，著手成春：自然形成如春天到了，詩章美好如春。
如逢花開，如瞻歲新：春來花開，冬去歲新，如天道自然。

眞與不奪，強得易貧：自然的真，絕不會假，勉強求得就不自然。

幽人空山，過雨採蘋：存心如隱者自然單純，雨後採蘋亦自然得之。

薄言情悟，悠悠天鈞：詩人有真性情，情往感悟，詩意天成。

竹在中國傳統農業社會，可以說是「人生必須品」，除了是食品，人從初生嬰兒在搖籃上搖，到老人手抱「火籠」，及許多生活用品，都和竹有關。在文化、藝術上，竹也有中國特有的意義和意境（後述）。詩人生於農家，長於農家，以竹入詩可謂「俯拾即是、不取諸鄰」，詩情詩意如春天花開，自然形成，自然純真，這是整本《竹頭集》可以自然天成的道理，是詩人生活的一部份。

眾生（含人以外的各種動物），都愛戀著他的「窩」和窩邊事物，這是天性使然，窩和窩邊一切事物也就最直接影響其生存生活等。在《竹頭集》〈後記〉，詩人對生活中的竹如是說：（註②）

這本竹仔詩，在我的生命裡可以說佔了極其可愛而又極其辛苦的一段歲月。四〇年代初期……寫了近十年，心裡所要說的只是一份對親情和鄉情的感念而已。

從詩人的出生成長至今，可以說是「用竹、吃竹、玩竹」長大的，「與竹，於是長年心靈相繫。」「心中的竹，不正是庇助我父母，不正是把我的童年塗上斑斕色彩的高潔之士！」（註③）所以，著名詩人林煥彰在為《竹頭集》提序才說：（註④）

這份鄉情和親情，我稱之爲「竹仔情」，因爲他的純眞和堅持，足以喚起我們在這塊土地上五十多年來共同走過的深沉的記憶；是已經都喪失了的心中之痛！細讀錫嘉這五十首系列的詩作，每個字都是有血有淚的，再怎麼理智，我也無法抗拒他的眞摯。

到底《竹頭集》五十多首詩講了什麼？為何那些「深沉的記憶」是已經都喪失了的「心中之痛」？筆者亦無法抗拒他的真摯。我歸納成以下內涵：㈠生活與民生竹具的詩說、㈡扁扁的扁擔上掛著親情、㈢竹的藝術、意境與鄉愁、㈣我的手知道竹子想飛、㈤心中也牽繫一條血脈——中國、㈥眾生大地都在「成住壞空」中。以上六大次題內涵，各以獨立一章，分別深入賞析錫嘉兄的竹仔情。第一首〈竹笠〉。（註⑤）

曾經
看父親頭上的竹笠
已經夠大了
足夠擋住風雨

直到
我也戴上父親遺留下來的
那頂竹笠
刺癢癢的痲繩
緊緊扣在後腦袋
穿梭風雨中

連我的肩膀都無法遮掩
這頂小小的竹笠

一定曾把
父親的肩頭
裸露在狂風暴雨中
成為一座堅強的堡壘

父親就是戴著這頂
卑微而尊嚴的竹笠
走過一生

帶著無盡的感懷和震懾
將它掛在廳堂上
讓喧聒的子女日日瞧見
瞧見
祖父戴著這頂
每一片竹葉都交疊

每一根竹枝都握緊的
竹笠
揮著汗水
走過他們

笠、竹笠、斗笠，在台語發音上，南北部與山海線各有小差異，是早年農業社會人們最常用的遮陽遮雨「竹帽」，遮細雨尚可，大雨就要竹笠加蓑衣，都是傳統農家必備的「生活與民生必需品」。因此，有詩社以「笠」之名，象徵本土文化。（註⑥）但其實「笠」在全中國早年農業時代就很普遍，且歷史久遠，在佛經《三世因果經》上一詩偈就是證據：

三寶門中福好修，一文施捨萬文收；
不信但看梁武帝，曾施一笠管山河

我國南北朝時代梁武帝（蕭衍），在位四十五年，天監元年（五〇二年）到大清元年（五四七年）。梁武帝在有一前世本是一個砍柴的樵夫，有一天他挑著一擔柴要回家，途中看到一尊地藏王菩薩像在路旁，每天承受著日曬雨淋，實在辛苦，他一念恭敬慈悲心，把自己的斗笠戴在菩薩的頭上，就這麼一個布施功德，慢慢匯聚成來世當上皇帝的果報，故說「一文施捨萬文收」「曾施一笠管山河」。詩之本旨也在鼓勵人多多布施，修福修慧修功德，都從布施開始。引用此詩也證明「笠」，幾千年前就是我國民間社會的生活用品。

回到詩人林錫嘉，他是佛教徒（筆者亦是），長期身體力行佛陀教法，夫妻都在慈濟當志工，參與諸多社會公益活動，對於《三世因果經》這詩偈，他應了然於心，領悟甚多。

〈竹笠〉一詩意象鮮明，當我讀到第三回，就好像自己回到半世紀前戴斗笠務農的情境。又好像看到砍柴的梁武帝或戴斗笠的地藏菩薩，在這詩中穿梭的身影，〈竹笠〉一詩的時空感也在三世中穿梭，從祖父↓父親↓詩人自身。也等於「一笠管山河」，讓一笠在詩人幾世中流轉，可見這首詩的「張力」是很強大的。

第一段是詩人小時候，小孩看大人什麼都很大，所以「**看父親頭上的竹笠／已經夠大了／足夠擋住風雨**」。但詩意的擴張是父親戴斗笠的形像，彰顯父親的強壯，可以為家人擋風遮雨，孩子們可以無憂無慮的生活。

第二、三段詩人長大了，也戴上斗笠工作，才感覺斗笠太小了。「連我的肩膀都無法遮掩/這頂小小的竹笠」。原來，為家人擋風遮雨的不是那頂笠，而是「父親的肩頭/裸露在狂風暴雨中/成爲一座堅強的堡壘」，此處體現了父親的辛勞和偉大，父親一輩子就是這樣走過來的，無怨無悔的奉獻給家人孩子們，這珍貴的父傳家風。

末段，詩人也有大把年紀了，思考如何讓自己兒孫傳承這美好家風！「帶著無盡的感懷和震懾/將它掛在廳堂上/讓喧聒的子女日日瞧見/瞧見/祖父戴著這頂……」。能使一笠貫通三世，這不僅是詩的張力，更是詩人的功力。賞讀〈畚箕〉一詩。（註⑦）

民俗館中一口畚箕
乾乾淨淨的
被擺在展覽台上
沒有沾泥巴
也聞不到稻穀香

手好興奮的
緊緊去把握
他的雙手
感覺得到
一股疏疏漏漏的情意

挑土的時候
他總是流下一些砂土
擔稻穀時
一路掉落幾粒穀米
給追隨的小鴨

畚箕肚大
堅持竹的哲學
留住一些

也流下一些
給這逐漸情枯的大地

第一段頗有諷喻「文明的失落」，就好像我們到故宮看幾千年前，吾國先祖們所用酒器、禮器和各種生活用品。「乾乾淨淨的／被擺在展覽台上／沒有沾泥巴」，被考古人員從地下挖出，成為現代人觀賞的寶物，那是失落很久的古文明了。詩的弦外之意，也在說時間是無情的，一切的一切，包含童年、歲月、時代，很快就會成歷史，叫人無限感慨啊！

失落的文明若能「重現」定讓人興奮。就如台灣考古界若能在台島挖到一隻恐龍化石，將全台人夯起來。（實際不可能，因恐龍帝國亡於六千萬年前，台島是三千萬年前從海底浮出）但無論如何！失去的、眼前已不存在的，人才會覺得珍貴，例如青春歲月不在了，才會懷念青春歲月，若象徵青春歲月之「物」（如這口畚箕），重現你眼前，你頓時High了起來。「手好興奮的／緊緊去把握……」一股情意上心頭，因為你看到「失落的文明」。

後兩段，挑土挑米時流下一些，比喻畚箕肚大，人要寬宏大量，有吃有喝留些給別人。但詩意也暗喻「不要整碗端走」，最後一句「給這逐漸情枯的大地」所指為何？大地「情枯」了嗎？定是人類永無止境對山河大地的「侵略」，詩人有所警示，以啟眾生愚昧，希望人們對大地多些同情同理心。賞析〈竹菜櫥〉。（註⑧）

容許母親烹調的菜香
穿過竹縫
絲絲飄溢出來的
竹菜櫥

不讓老鼠蟑螂爬進去
污穢菜肴的
竹菜櫥
自從我們把竹菜櫥
換成了冰箱

香噴噴的菜肴全部冰冷下來
人的胃也冰冷了
心也冰冷了
一切都冰冷下來

似乎因心的冰冷
鼻子也凍結了
嘴的感覺也變了樣
整個世界變得如此無味

記得昔時買冰箱
母親還生氣的說
「冷冰冰的東西有什麼好！」

台灣地區一般家庭有冰箱可用，約與電視同時，民國五十六年前後，有錢人家可能早些。在沒有電冰箱之前的千百年間，中國民間社會家庭用的是「竹菜櫥」，存放隔夜飯菜或食物。筆者童年時，家裡也用竹菜櫥，如今只能在民俗館觀賞，〈竹菜櫥〉一詩弦外之音，也在述說「失落的文明」。

大凡一個「文明的消失」和「新文明的產生」，必然有「文明的衝突」；才會有「記得昔時買冰箱／母親還生氣的說／「冷冰冰的東西有什麼好！」」現在很多年輕人夯玩的三C產品，很多老人家也質疑「那東西有什麼好？」演化真的是很無情的。

從傳統農業社會到現代資訊科技發達社會，才不過半個多世紀，好像一切都變了，台灣社會更是變得可怕。由於政治操弄的原因，台灣社會從民間到政府，除了文壇上還能感受到一點真誠，其他幾可說是一個「詐騙社會」，這個社會禮義廉恥已盪然。回顧一下，才不過民國八十四年，詩人已感嘆「心也冰冷了／一切都冰冷下來＝似乎因心的冰冷／鼻子也凍結了／嘴的感覺也變了樣／整個世界變得如此無味」。之後，年年墮落！文壇落了二十年了！很憂心的，台灣社會是否快要墮向「禽獸社會」？

我們留不住竹菜櫥文明，也不能叫電冰箱不要誕生，或許這叫進步吧！沒有什麼東西是永恆不變的。人類有史以來的生活器具總是不停的變，只有一種恆久不變，代表中國文明文化的永恆性。賞讀〈竹筷〉。（註⑨）

砍一節
勁直的綠竹
見墨綠所包藏
堅靭的纖維
成為一雙筷子的個性

自商代飛跨過
秦漢晉隋唐
竹筷，曾輕輕
落入我們的手指間
以纖纖細細的堅靭
千百年來
夾起沉甸甸的生活
而今，在我手中

也磨得亮麗起來了

這首詩提到的綠竹，也是我國各省常見植物，古今詩人所愛，如李白〈下終南山過斛斯山人宿置酒〉詩，其部份「相攜及田家，童稚開荊扉；綠竹入幽徑，青蘿拂行衣」。原來我國古今詩人愛竹、綠竹，有很多文章可做，如竹報平安、竹苞松茂、青梅竹馬、竹林七賢（嵇康、阮籍、山濤、向秀、劉伶、阮咸、王戎）、竹籬茅舍……不知凡幾，國畫中又有四君子（梅、蘭、竹、菊）。中國文化內涵、象徵中，竹恐不能少！筷子象徵意義就更大了，五千年中華文化變遷中，筷子「始終如一」，從不改其形式與內涵，可謂永恆不變！詩外之意亦有暗示，詩人就是一個「始終如一」的人。

筷子「自商代飛跨過/秦漢晉隋唐……」從古至今不改其志與形。到了詩人手上，「而今，在我手中/也磨得亮麗起來了」，詩人對竹筷的意義、歷史清楚明白。詩意之外，可以感受到詩人對中華文化的認同感，並以此為榮，故有〈竹筷〉詩頌。

註　釋

①蕭水順，《從鍾嶸詩品到司空詩品》（台北：文史哲出版社，民國八十二年二月），下篇，

第二章，頁一五三－一五五。

②林錫嘉，〈後記〉，《竹頭集》（台北：九歌出版社，民國八十四年十二月二十日），頁一八一－一八四。

③同註②。

④林煥彰，〈竹仔情——序錫嘉的《竹頭集》〉，同註②書，頁〇〇一－〇〇六。

⑤林錫嘉，〈竹笠〉，同註②書，頁三九－四一。

⑥「笠」詩社，成立於一九六四年六月，發起人有：吳瀛濤、詹冰、陳千武、林亨泰、錦連、趙天儀、薛柏谷、白萩、黃荷生、杜國清、古貝、王憲陽、李魁賢等。《華文現代詩》同仁莫渝，目前也是《笠》詩同仁，且對《笠》詩刊史研究甚深。

⑦林錫嘉，〈畚箕〉，同註②書，頁六二－六四。

⑧林錫嘉，〈竹菜櫥〉，同註②書，頁六五－六七。

⑨林錫嘉，〈竹筷〉，同註②書，頁六八－六九。

第十章　《竹頭集》㈡詩人的「孝經」

寫本文時，電視新聞正在報導逆倫血案，好幾件，不止一件；經常有，幾乎每週有。敗家子要不到錢，就弒父弒母，兄弟姊妹互殺，親戚之間相攻伐，台灣社會到底怎麼了？內鬥毀了台灣社會，是否真要退化回到「禽獸社會」？但我看Discovery節目，非洲野犬、大象、河馬、獅虎等，牠們依然保有倫理關係，有濃厚的親情，極少發生「例外事件」！讓我讀錫嘉《親情詩集》及其詩寫父母的親情諸多詩作，真是感慨萬千啊！所謂「禮失求諸野」，如今台灣社會是否已「孝失求於錫嘉詩」了？

中國人應是全世界最講究倫理親情的民族，歷代皇帝都強調「以孝治天下」。為鞏固倫理親情，還有一部《孝經》，其他如《學》、《庸》、《論》、《孟》、《禮記》，乃至歷代思想家諸多經典，也有很多倫理親情關係論述。

以倫理親情為核心價值，吾國儒家提出「孝、弟、忠、信」四大德目。孝、弟二德用於家庭倫理中的直系和旁系血親關係，忠信二德用於無血緣關係的君臣和朋友兩倫。此四者對維持整個大社會和諧極重要，孔子在《論語》〈述而〉說：「弟子入則孝，出則弟，謹而信，汎愛眾，而親仁。」他的三傳弟子孟子也說：「堯、舜之道，孝悌而已矣。」類似儒家倫理德目，法家政治思想家管仲則有「禮義廉恥」四德目為國之四維，強調「禮義廉恥」，國之四維，四維不張，國乃滅亡。」社會和諧、國家興亡，根本基礎在家庭、家族的孝弟關係隱固。所以，《孝經》首章曰：「夫孝，始於事親，中於事君，終於立身。」又曾子在《禮記》〈祭義〉中回答公明儀問「孝」時，有一段話把孝親倫理說得很清楚：（註①）

所謂孝者，先意承志，喻父母於道……身也者，父母之遺體也；行父母之遺體，敢不敬乎？居處不莊，非孝也。事君不忠，非孝也。蒞官不敬，非孝也；朋友不信，非孝也。戰陣無勇，非孝也。五者不遂，災及於親，敢不敬乎？

……孝有三：小孝用力，中孝用勞，大孝不匱。思慈愛而忘勞，可謂用力矣；尊仁安義，可謂用勞矣；博施備物，可謂不匱矣，父母愛之，喜而弗忘；父母惡之，懼而無怨。父母有過，諫而不逆；父母既沒，必求仁者之粟以祀之。此之謂禮終。

中華文化和西方文化最大不同點，在於對「孝」的論述與實踐。東漢大儒著《忠經》一書，在自序上他說：「忠經者，蓋出於孝經也。仲尼謂『孝者，所以事君』之義，則知孝俟忠而成之，所以答君、親之恩，明臣、子之分也。孝不可以弛於家，忠不可以廢於國。孝既有經，忠猶闕焉。故述仲尼之意，作忠經焉。」又說：「忠之與孝，天下攸同，勸善之大，何以加於忠、孝哉？」撥之史事實情，的確如此。

我研析林錫嘉所有關於父母親情的詩作，發現已達到「孝」的極高境界。如〈我的江河〉一詩，「十一月的長江與黃河//在我的國家/有兩條/歷史的江河……流入我的心田/如一種親切的父母語/日日叮嚀」。（註②）這是詩人的孝親詩寫，上達全中國、全中華民族的高度，正是「夫孝，始於事親，中於事君，終於立身。」本文針對《竹頭集》裡，詩人有關父母的詩作，分別選擇數首賞析。

壹、念父親：一擔兒女全掛在扁扁的扁擔上

按我的觀察研究，「父親」這個角色，在我國倫理關係中，始終很嚴肅，兒女（尤

其兒子）和父親很少有交流，我所聞所見過皆如是。因此，兒女對父親似乎只用在「懷念」，才能彰顯兒女在親情的表現，當然生前奉養是不能少的。但錫嘉和父親似乎比較可以「輕鬆」些，不那麼嚴肅，應該是他有很長時間和父親一起工作。錫嘉在〈父親〉這篇散文提到，「記得在高中三年中，我常跟父親一起工作，那是我跟父親比較接近的一段時光。」（註③）該文林父常說「多給人一兩半兩」，對兒子影響很大。另在〈石磨仔的心事〉一文，也記錄不少詩人和父親一同工作的回憶。（註④）錫嘉對父親的懷念詩作、散文頗多，顯見他們父子親情是很深厚的。賞讀〈念父親〉。（註⑤）

回家鄉的那條小路
今天把所有的竹叢
都細細聽過
一路聽
一路想

看到家門時
父親的話
就變得清晰了

庭院那棵竹
最會說父親的故事
就在跨進門檻之前
停下腳步
聽他絮絮訴說
父親的話
一葉一句
一葉一句
自最接近父親的一片
輕輕飄下

愈來愈清晰
直到最接近我的一片
我都聽到了

終於
淚與腳步一起
踏入家門

而父親
您離開家都已五年了

人皆有父母，故思親之作最能引起共鳴。「今天把所有的竹叢／都細細聽過」，這裡是有時代背景的「情境」，現代都市人或年紀輕可能看不懂。因為「竹叢」是一種視覺欣賞，為何用聽覺細細聽過？現代詩技巧上是「移覺」。我小時住家附近很多竹叢，風吹竹叢發生很多怪聲音，回家要走過很長的「竹叢路」，天天竹叢叫聲都來打擾我耳根，有時一個人走還覺得毛毛的。透過這首詩境，我可以想像錫嘉兄老家的居住環境，與我小時住家一樣，回家都要穿過一片竹叢路，這條路林老先生走了一輩子，錫嘉也走了幾十年。

現在，老爸走了，詩人每次回家也經過這條竹叢路，聽竹叢叫聲「一路聽／一路想」，這路是父親走一輩子的路，這些竹子也最了解老爸。走到住家庭院那棵竹，是最會說父親的故事，詩人進家門前停下腳步，「聽他絮絮訴說／父親的話／一葉一句／一葉一句……我都聽到了」。這其實是「近家情卻」的感傷，象徵比喻的詩寫，回家一路上都在想著父親的點點滴滴，「終於／淚與腳步一起／踏入家門」，父親走了五年了，詩人依然如此不捨，我寫著寫著，眼淚就快掉下來……賞讀〈扁擔〉。（註⑥）

一擔重貨全掛在
扁扁的扁擔上
扁扁的扁擔
沉沉的壓在
父親瘦削的肩膀上

肩膀與扁擔
時而抗爭
時而憐惜
用血繭共寫
一行父親艱苦的生活史詩

扁擔的那頭總是理想
扁擔的這頭就是現實
不識字的父親
用血繭的肩膀來擔挑

一擔兒女全掛在
扁扁的扁擔上
扁扁的扁擔

更沉重的壓在
父親瘦削的肩膀上
扁擔憐惜的對肩膀說
「父親的背駝起來了！」

「扁擔」，象徵責任與承擔，在機車、腳踏車尚未普及的年代，山地農田也沒有車道，農產貨物搬運，全靠人力用「扁擔」挑，扁擔通常用麻竹做成。扁擔挑貨很辛苦，筆者約有十年挑擔歲月，所以我對〈扁擔〉一詩能理解，也立即有共鳴。

挑扁擔也通常男性，女性較少，所以扁擔適合象徵父親這個角色，彰顯父親的辛苦工作。「一擔重貨全掛在……父親瘦削的肩膀上」，這樣的意象，讓身為兒女者非常不捨，詩的張力增加了懷念的濃度。

這首詩也讓扁擔擬人化，也是「物語」的運用。「肩膀與扁擔／時而抗爭」，力與反作用力是相等相抗衡的，也比喻父親的肩膀承擔了所有壓力。最後「扁擔憐惜的對肩膀說／「父親的背駝起來了！」」其實是詩人借扁擔說話。父親無怨無悔，「犧牲享受、享受犧牲」，才使詩人對父親的懷念特別多，詩寫父親，散文也寫父親。在〈鐵皮燈罩〉這篇散文，詩人寫到父親過逝不久，他夢到回老家，在屋前屋後喊著父親，久久不見回聲，坐在床緣等父親回來……（註⑦）讀之令人動心鼻酸啊！賞讀一首老父身教的詩，〈秤〉。（註⑧）

父親摸了一生的
秤仔
孤寂的掛在
牆上
長滿往事

生銹的秤鉤
圓圓的腹中
裝滿了父親
一生的喘息聲

父親的手
好像就瘦成一根秤把
細長的記憶
一點花二兩
二點花四兩
這兒是半斤
小時候
父親總是這樣教我
「多給人家一兩半兩」

父親走了後
常在想念間
輕撫秤仔
長長伸出手

拉住時間那頭
盼望和父親的手
一次緊握

父親用過的秤仔，掛在牆上，是具體可見可感形像。但由此延伸出「牆上／長滿往事」，則甚為新奇用法，往事只是一些腦海中回憶作用，往事「長滿」一牆變成可見可感的意象，表示思親之切，永難忘懷。尤其這首詩用了老爸秤貨給人時，常說的一句話「多給人家一兩半兩」，這父親的身教對兒子影響是一生一世的。在〈鐵皮燈罩〉一文中，詩人這麼懷念著父親。（註⑨）

父親打過針後，我在床邊守護著，看他佈滿皺紋的蒼白的臉，在扭曲的燈影中，像一具剛出土的木雕，我心中有千把銳利的刀，一刀一刀的錐刺我。於是，在靜靜的夜裡，我對著木板壁上形如心中之神的燈影，默默的心中有了決定。

有此一說，沒有在父親病危時親自看護，親自為老父把屎把尿的，不算是兒子。這個意思說，兒子當然還是兒子，血緣關係是斷不掉的，所謂「不算是兒子」，意指父子之情很「浮面」或「緣淺」，情份不深，就不能深刻感受父子情深的境界。這個說法是有道理的，人的良知良能慈悲心，若能以「實物」經驗，親自檢驗、經驗，會更有十足的啟蒙力道。我們常說「驚天地、泣鬼神」的感動力，由此而出焉。

那樣的情境，筆者也曾親自經驗過，才提昇了父子情深的境界，甚至對人生有新領悟、新詮釋。先父病危，我從野戰部隊請假趕回，到醫院看護，也為父親把屎把尿，這些工作像是給我人生來一場「震撼教育」，給我一次「精神洗禮」。讓我重新定義「孝」的意涵，重新定位「兒子」要怎樣當，才算是兒子！

錫嘉在醫院看護老爸，必然也是一場精神洗禮，加上他本來就是一個孝順的孩子。（在「慈濟人文誌」節目中，郭綱琴女士曾有一言，當年因看林錫嘉是孝順的孩子，才會嫁給他。）他們父子情深，「父親走了後／常在想念間……盼望和父親的手／一次緊握」。雖不可得，父子之情亦在詩中緊握，永不放開，成為永恆，成為兒孫心中永遠的懷念。

林錫嘉詩寫父親的作品，尚有如〈庭院獨留竹應門——懷念父親〉、〈幡的挽留〉等，都是意高情深之作，讓同是孝順的兒子，一讀再讀，三讀淚下肝腸痛！

貳、母心舟：蕩漾了我的一生

新聞媒體幾乎每隔幾天，就有逆倫慘案大報導，敗家兒女弒父弒母案，偷敗家產遺棄父母案，獨老死亡無人知案，全家一起死案……而政府和民間吵著長照如何！外勞如何等等。

身處台灣社會現實這樣情境，而手捧著林錫嘉這本《竹頭集》，研讀他的思親詩作，感受他從小到老與父母自然純真的人倫親情，我好像足跨兩個世界。一足踏濁惡世界，一

勞動部最新外勞總數統計出爐，截至去年底，社福外勞逼近二十四萬人，異常暴增近一點三萬人，增幅是前年的三倍。昨天下午雨勢稍緩，許多外籍看護趁機推老人出來散步。
人間福報・二〇一七・二・廿七 圖／鄭清元

外勞看護越多代表孝的觀念越式微

足在真善美的世界，不知如何調適？或只有感嘆！那美好的世界回不來了！我們只能眼睜睜的看著地球「第六次大滅絕」來臨，大滅絕一日日逼近……逼近……

在末日尚未來到前，讓我再走進錫嘉詩中，感受詩人思親情境，這樣詩寫親人的作品，相信未來不會有了。這是「絕後」之作，尤其「同性婚」合法後，人類維持數千年的家庭關係、倫理與婚姻制度，全面崩解乃必然之勢。「同性婚」合法，給傳統婚姻制度投下一顆「核彈」，那時，何來親情？何來倫理？何者為父？何者為母？父不父！母不母！子非子！女非女！這是何樣社會？與禽獸社會差異幾稀？故，我斷言，錫嘉這思親詩品，真乃「絕後」之作。賞讀〈竹搖籃〉。（註⑩）

攀爬的生活
攀爬的年歲

忽覺已入中年
匆匆收拾起
激躍的童年

竟不忍丟棄
那老耄的搖籃
聽她輕輕一聲咿呀
童年猶如在不遠處
喚著我的小名

所有的童年
躺過也睡過的
竹搖籃
宛如載滿慈愛的
母心舟
蕩漾了
我的一生

四根竹，二頭撐起

母親的愛心
輕輕搖晃
推一把
竹搖籃
在晃動間
見支撐的竹柯
竟是母親
裸露的手骨

「竹搖籃」，現在只能在民俗陳列館看見，筆者也是在竹搖籃裡搖大的，後來妹妹也在竹搖籃裡搖。媽媽邊搖邊做事，嘴裡唱著「搖啊搖！一眠大一寸！」才搖著，「忽覺已入中年／匆匆收拾起／激躍的童年」。眾生皆如是，惟有感無感，並非皆如是。啊！人生，白駒過隙！我們回憶越來越多，很多用不著的東西也想清理掉，只是，「竟不忍丟棄／那老耄的搖籃」。這裡，是「造境」之作，搖籃不一定在，情境則是一種真實的存在；包含「**聽他輕輕一聲咿呀／童年猶如在不遠處／喚著我的小名**」，都是詩意彰顯母親搖著搖籃的情境，成為詩人永恆美好的回憶。

接下來，搖籃昇華成「母心舟」，從具象轉成意象，具象是「實物」，乃有限之物，有生有滅；意象是「心意之物」，乃無限之物，生而不滅，故成永恆。所謂「物質不滅定律」，是物質轉換成能量意象才不滅。所以這個轉換很高明，「**竹搖籃／宛如載滿慈愛的／母心舟／蕩漾了／我的一生**」，詩的境界由此產出。

在中國傳統家庭倫理關係中，母子比父子親切，母子間也有更多交流或話題。從傳統到現代，「慈母」角色始終沒有改變，所謂「母子連心」，傳統到現代始終如一。故，詩到最後，「**竹搖籃／在晃動間／見支撐的竹柯／竟是母親／裸露的手骨**」，兒子對母親的辛勞，感受到刻骨銘心之痛也。賞讀〈灶孔前半捆竹〉。（註⑪）

母親留在
灶孔前的
半捆竹
逐漸蝕腐了！

枯萎的弱黃
然後轉成
褐斑點點
然後蝕腐
半捆蝕腐的竹
在我心中慢慢成為
一幅不朽的畫
那色彩
是調色盤永遠無法調成的
細膩生命

母親留下的
半捆竹
在歲月的大灶裡燃燒

只那麼一堆鬆鬆的
餘灰
蘊含著幾千年
傳統負荷
腐竹餘灰
敷在這社會的傷口上
能治癒創傷？

蝕腐的竹
上天用最完美的色彩
來詮釋不識字的
母親的愛心

望著一群
年輕人

一雙雙細嫩的手
正迫不及待
拍去手上的竹灰
從石頭仔路銜接過去
黑烏烏的柏油路
看他們越走
離我們越遠了

這是一首具有時代背景和特殊情境的作品，沒有經歷過那個時代背景和情境，可能連詩題也看不懂，就別提本文了。要欣賞詩意、詩境，根本進不去！那是找不到「路」可以進去。

首先，詩題的「灶」要知道，現代年輕輩雖未見過，應也聽說過或民俗館見過，可想像到其功能和形狀。「灶孔」二字就是灶的入口處，放入所有一切可以燒的東西（木頭、竹子等）。灶孔二字用台語發音（ㄗㄠˋ ㄎㄤ），會顯得較親切，灶前隨時要放一堆可燒的柴，如這詩題的半捆竹，是母親用來燒飯，剩下的一半。但老媽走了，沒人煮飯，「**灶孔前的／半捆竹／逐漸蝕腐了！**」，睹物思親，感傷啊！

半捆竹接著被化蝕腐為神奇，昇華成藝術和生命，有如雕刻家把無用的漂流木化成無價藝術品。「**枯萎的弱黃……一幅不朽的畫／那色彩／是調色盤永遠無法調成的／細膩生命**」。從詩藝詩學上，這正是「俯拾即是，不取諸鄰；俱道適往，著手成春」，自然親情之表露也。

第三段「神蹟」似乎出現了。母親留下的半捆竹，最後也會被「時間」燒成餘灰，「**蘊含著幾千年／傳統負荷**」，表示幾千年來中國的母親們都這樣煮飯、這樣生活的。而這些燒完的灰燼，「**敷在這社會的傷口上／能治癒創傷？**」有如吾人到廟裡拜拜，取香灰治病，有用嗎?詩人也沒說可以治創傷，留給讀者去想像。但無論如何！「**蝕腐的竹……母親的愛心**」，這是沒錯的！

最後一段也有多層詩意，一者感嘆那個純樸、真誠的傳統農業社會，已完全的過去了，回不來了。現在，我們這些「老家伙」望出去，社會呈現一片詭異的風景，好像身處不同的世界，到了另一個宇宙。「**望著一群／年輕人／一雙雙細嫩的手／正迫不及待／拍去手上的竹灰**」，暗示年輕的一代，活在溫室中，不想幹活、畏苦怕難，有些像迷失的一代。

再者，「看他們越走／離我們越遠了」，暗示現代社會代溝日愈嚴重。到底是現代跑得太快呢？或我們老家伙太落伍？現在年輕輩和我們老一輩，好像生活在不同的星球上。詩人只是借物（半捆竹）點出問題、不須要負責解決問是。杜甫點出「朱門酒肉臭、路有凍死骨」，他也無從解決！

詩人有頗多寫母親的詩，如〈碗粿叉仔〉，還有寫祖母的〈祖母的火籠〉。我小時候也看阿公、阿媽抱著「火籠」，如今只在民俗館才有。這些詩讀來讓人感動、感傷，感動於詩人孝親自然表露，感傷於這種精神「絕後」了，過去的也回不來了！只有詩人的「孝經」在詩意中成為永恆、不朽！

註釋

①可參考《孝經》、《禮記》原典，本文引國防部總政治作戰部編印，《中國倫理思想》，民國七十九年六月，第一章。

②林錫嘉，〈我的江河〉，《親情詩集》（台北：長歌出版社，民國六十八年五月），頁六四－六五。

③林錫嘉，〈父親〉。見沈靜、吳鳴、林錫嘉、陳煌、陳幸惠、蕭蕭著，《六六集》（台北：

九歌出版社，民國八十三年二月十日），頁五五－五八。

④林錫嘉，〈石磨仔的心事〉，同註③書，頁一七－一九。

⑤林錫嘉，〈念父親〉，《竹頭集》（台北：九歌出版社，一九九五年十二月二十日），頁一五七－一五九。

⑥林錫嘉，〈扁擔〉，同註⑤書，頁七五－七七。

⑦林錫嘉，〈鐵皮燈罩〉，同註③書，頁二〇三－二〇五。

⑧林錫嘉，〈秤〉，同註⑤書，頁一六四－一六六。

⑨同註⑦。

⑩林錫嘉，〈竹搖籃〉，同註⑤書，頁八九－九一。

⑪林錫嘉，〈灶孔前半捆竹〉，同註⑤書，頁八二－八五。

第十一章　《竹頭集》㈢竹的藝術、意境與鄉愁

假如要找幾種植物象徵中華文化或藝術，大約不外松柏或四君子（梅、蘭、竹、菊），其中竹的地位很重要。家具、農具、民生食用都要竹，文化藝術有了竹提昇境界，無竹使人俗啊！竹成為提昇人生境界的重要「伴侶」。如王維〈竹里館〉一詩。（註①）

獨坐幽篁裏，彈琴復長嘯；
深林人不知，明月來相照。

「幽篁」是竹林的雅稱，「竹里館」是輞川莊附近以竹為主題的盛景。王維晚年隱居在藍田輞川（今陝西藍田縣西南二十里），將所寫的詩稱《輞川集》，他在序中說：「余別業在輞川山谷，其遊止有孟城坳、華子岡、文杏館、斤竹嶺、鹿柴、茱萸沜、官

槐陌、臨湖亭、南垞、欹歌、柳浪、欒家瀨、金屑泉、白石灘、竹里館、辛夷塢、漆園、椒園等，與裴迪閑暇各賦絕句云爾。」這些都象徵王維晚年生活之閒適心境，〈竹里館〉詩的意境閒情，更足以為代表。

這首詩意境高雅，獨坐竹林，有孤絕之感。詩中流露詩人真誠而充沛的情感，蘊藏著詩人對事物無窮的興趣和感慨；同時，表現一種優美的畫境，如「詩中有畫」。明唐汝詢唐詩解云：「林間之趣，人不易知，明月

北宋，文同，〈墨竹圖〉

相照，似若會意。」意境這東西，人不易知，只能會意，不能言傳。沒有境界之俗人，永遠不知林間之趣為何！

我國歷代詩人、畫家，寫竹畫竹的作品不計其數，如這幅北宋文同的〈墨竹圖〉，現藏在故宮博物館。故，竹往往比喻高士，如竹林七賢，吾國古代書冊即「竹簡」，記錄所有的知識。我國上古文化、知識能傳下來，竹子功勞很大。賞讀這首〈雨夜讀板橋墨竹〉。（註②）

雨夜很深
想自己是一枝墨竹
顫顫地斜出窗外
不管墨色濃淡
不管葉疏密
自己塗抹在這麼深的
雨夜裡
想要說些什麼

只是這一身清瘦
剛好斜過
板橋的畫冊上
笑聲突起
竹影亂作

板橋啊！
且莫笑，今夜
無心斜過你的墨竹
我身雖淡
夢醒揚州
多少風雨人生
三百年歲月竹依舊

今夜與你相伴
共雨聲

先略說「板橋」其人，有助於理解這首詩。鄭燮，字克柔，號板橋、板橋道人，祖籍蘇州閶門。康熙三十二年（一六九三年）生，時家道已中落，三歲時生母去逝，隨父成長，他是康熙秀才、雍正舉人、乾隆進士。乾隆三十年（一七六五年）十二月十二日卒，年七十三歲。

板橋「詩、書、畫三絕」，但他一生只畫蘭、竹、石。自稱「四時不謝之蘭、百節長青之竹、萬古不敗之石、千秋不變之人」。由此可見，板橋之氣節、情操，是可敬可佩！不得了的！因其人品作品而成永恆，是我們當詩人要學習的榜樣。有很多傳世作品，但傳佈最多最廣的，可能是「難得糊塗」四字。

詩人在某一雨夜觀賞板橋墨竹，為何詩人觀板橋墨竹？未觀賞其他，這道理簡單，英雄惜英雄，同類相聚相吸引。板橋最擅長畫竹，錫嘉寫竹愛竹，愛竹賞竹之人必有一種高潔情操，心靈相通。「想自己是一枝墨竹……雨夜裡／想要說些什麼」，詩人想對畫家說話，終究未說，自己就是那墨竹了，活在不同時代的兩人，足可以心傳心，不須再說什麼！

「只是這一身清瘦」，竹或清高之士都能以清瘦象徵，清高者不貪不搞錢故人瘦，如仙風道骨，此不論稱板橋或頌竹兩相宜。但「板橋的畫冊上／笑聲突起／竹影亂作」，到底誰的笑聲？詩人？畫家？似乎是畫家和詩人的共鳴，讓畫「活」了起來！

第三段「夢醒揚州」有很多想像，定是板橋在揚州有什麼可歌可泣的故事！吾人不得而知。歷史上也有不少作品提到揚州，好像世人的「揚州夢」特別多，包含詩人林錫嘉，否則為何提起揚州夢？揚州有很多動人故事與美景，自古吸引文人雅士。杜牧〈寄揚州韓綽判官〉：「青山隱隱水迢迢，秋盡江南草未凋。二十四橋明月夜，玉人何處教吹簫？」可見揚州古來就是詩人畫家遊玩勝地。如今那「二十四橋」，到底是一座橋之名，或指有二十四座橋？也成了現代人「喝咖啡聊八卦」的話題！

最後「三百年歲月竹依舊／今夜與你相伴／共雨聲」，板橋作品已有三百年了，何樣因緣？在這深夜裡觀賞他的墨竹，又有雨聲伴詩人一起賞竹。除了是一種好因緣，也就不覺得寂寞了。賞讀〈麻竹〉。（註③）

愛把水牛拴在

麻竹叢的
童年
也愛看麻竹
你推我擠的嬉鬧

許是麻竹
太高太青翠
突被柴刀砍掉
看竹頭
緊緊依偎在沙土裡
每日清晨經過
都見麻竹頭空洞的眼眶
滿含淚水
何以竹頭總在夜裡哭泣？
拴牛的麻繩

每次拉在手上
都覺濕濕
浸過淚水一般

而今，竹頭不在
水牛不再
望大樓高高立起
濕濕痲繩
卻無從繫！
痲竹去了遠方
不再回來

手握無竹聲
心也無處繫！

一首濃濃的鄉愁，童年回憶的作品。現代社會幾乎人人都離鄉背井討生活，鄉愁是與生俱有的「血緣濃度」，只是因人而異，或濃或淡。君不見那非洲大象、獅虎等，也有鄉愁，何況吾等身為人類！

但這首詩也有「代溝」，現在年輕讀者誰見過「麻竹」，往昔農耕時代，山坡路旁到處長滿綠竹、麻竹、刺竹等，各有不同長像和用處。還有水牛、黃牛，都是以前農家田園最好的朋友，水牛為何要拴在麻竹叢？農人為何要砍掉麻竹？為何不讓它長筍？年輕的現代讀者群，你是不是一頭霧水？你且慢慢去想像、思索。

詩人今年快八十歲了，筆者正計畫一年多後，要發起《華文現代詩》「三公」（彭、許、林公）大壽慶祝活動，難怪現在常憶童年。「愛把水牛拴在／麻竹叢的／童年／也愛看麻竹／你推我擠的嬉鬧」，失去了，回不來了！才讓人感傷！「都見麻竹頭空洞的眼眶／滿含淚水／何以竹頭總在夜裡哭泣？」這其實是詩人感傷之淚。因為人生七八十年怎麼就這樣過了！回首前塵，到底做了什麼？有什麼成績可以在百年後去告慰列祖列宗？每思及此，「拴牛的麻繩／每次拉在手上／都覺濕濕／浸過淚水一般」。小孩放牛，不可能思考的如此深刻感傷，而是一把年紀了，因歲月不饒人，亦不饒命啊！

這首詩除了對自己人生的反思，充溢濃濃的鄉愁。也對現代化的經濟發展之快速，大地環境之變遷有極大傷感。「水牛不再／望大樓高高立起／濕濕麻繩／卻無從繫／麻竹去了遠方／不再回來？」那個純樸的農耕時代一去不回了！如同自己那些消逝的歲月，也是回不來了。凡是想要，而要不到（如青春），回不來的，才叫人傷痛！我們才更要把握當下，只有當下是自己擁有的。

這首詩也借水牛不再，卻無從繫，暗示台灣人的迷失。「手握無竹聲／心也無處繫！」確實，現在的台灣人，明明就是中國人，就是中華民族，卻有的心繫日本人，有的心繫美國人。心無處繫！成了背叛列祖列宗的孤魂野鬼，可憐啊！可悲啊！可嘆啊！賞閱〈鄉心歡情如竹〉。（註④）

驅車入六龜
茏濃溪以清澈
映現偉俊的山林
青綠恍如桂林老家
看剛翻過土的田地

酥鬆泥土一片心
腳於是迫不及待的
躍入泥土裡
讓大地的溫暖
擁抱雙腳
與稻秧共成長

一條田埂，臍帶般
柔柔地把我牽引
更與老牛
低頭細舐鄉情

於此啊
鄉心歡情如竹
搖曳

在這麼熟悉的鄉路上
中年的顏色
急意
把深濃的情懷
抹上夢土的天空

人，飢渴了要解饞，愁悶了要解愁，寒冷了要取暖。這是人的生理需求、心理需求，當然就是基本需求，這是即解愁又可取暖的詩，有時還能以詩解饞。所以，寫詩好處多多，難怪許多詩人寫一輩子詩，因為凡人世間不足，可由詩的「創造」得到滿足，可以說這是另類人生的「自我實現」，人生之春秋大業於焉完成。

詩人在台北這「五濁惡世」待太久了。他在精神上心理上急須來個洗禮，在這飢渴、苦愁、寒冷的水泥叢林中，不飢苦寒也難。於是，「驅車入六龜／荖濃溪以清澈／映現偉俊的山林／青綠恍如桂林老家」，「家」是人的仙藥，一切的飢苦寒困境，只要到家就一切化解於無形，這是人人須要家的原因。

這個家多麼自然寬廣！與山水、田園、大地為一體，沒有隔牆、沒有邊界。「躍入泥土裡／讓大地的溫暖／擁抱雙腳／與稻秧共成長」；在這自然的家園裡，眾生平等，眾生都是親人好友，「更與老牛／低頭細舐鄉情」。這是何樣美景？詩中有畫，畫中有詩啊！人與自然萬物的和諧合一，讓詩的境界全出。

詩人就在這「鄉心歡情如竹」情境中，搖曳生姿，展演人生的美麗風景。「中年的顏色／急意／把深濃的情懷／抹上夢土的天空」，人生雖如白駒過隙，人人都需要一片天空，也需要一塊可以立足的領地，這是對自己最起碼的交待，尤其是詩人，需要的更迫切。是故，詩人最後有了「夢土的天空」，夫復何求呢？賞讀〈尋找心中一片竹〉。（註⑤）

竹林，永遠是一片
初土的宇宙
土地鬆酥
潤玉青葉

每每，我常如一隻

喜悅的雪色鳥
靜靜的飛掠
翅膀在流溢的清澈中
綠成兩片拍動的竹葉

眾人群立之林
紛紛擾擾
不是為了苦或樂
只是貪婪
都已遮蓋了半邊人間

似乎帶點悲觀的
探詢
笛聲今夜格外悽愴
為了這人間

縱使砍盡所有竹林
也找不到一支
快樂的笛子吧！

「尋找心中一片竹」，實即詩人在「尋找心中的理想國」。為何要尋找理想國？通常是面對的真實世界不理想，甚至太黑暗，所以要尋找更好的。因為台灣成了一個「無恥社會」，人民希望把「恥」找回來。把「恥」找回來和把「理想國」找回來，雖屬性不同，但同是人類社會極正面和珍貴的價值，好的價值流失了，當然要找回來。

前兩段是詩人在尋找理想國，那是詩人真善美的世界。「竹林，永遠是一片／初土的宇宙／土地鬆酥／潤玉青葉……喜悅的雪色鳥……」詩人苦苦追尋這種境界，結果如何？詩人失望啊！「眾人群立之林……只是貪婪／都已遮蓋了半邊人間……也找不到一支／快樂的笛子吧！」原來這世界盡是貪婪，何處可以找得到詩人的理想國？

或許人生最重要的不是結果而是過程，詩人借竹的意象揮灑詩之藝術，創造真善美意境，彰顯人的鄉愁本能。找這個研究過程也發現，詩人情操如竹，氣節高雅，實在是「人中君子」，《竹頭集》詩皆如竹之芳香！

註釋

①可查任一本《唐詩三百首》。本文參考：邱燮友註譯，《新譯唐詩三百首》（台北：三民書局，民國八十五年八月）。

②林錫嘉，〈雨夜讀板橋墨竹〉，《竹頭集》（台北：九歌出版社，一九九五年十二月二十日），頁一二六—一二八。

③林錫嘉，〈麻竹〉，同註②書，頁一四四—一四六。

④林錫嘉，〈鄉心歡情如竹〉，同註②書，頁一一八—一二〇。

⑤林錫嘉，〈尋找心中一片竹〉，同註②書，頁一二一—一二三。

第十二章 《竹頭集》㈣我的手知道竹子想飛

看現代孩子的童玩，花樣之多，品質講究，父母又肯花銀子，每個孩子的各類童玩，堆積如山。不知該羨慕還是感嘆！羨慕的是現代生活富裕，孩子不必親手製作童玩，只要開口說「要」，自然東西就到手，有如隨時可以從天上掉下禮物來。

感嘆的是，此種環境長大的孩子，似乎什麼都不會，什麼都不做！「生活力」退化，力行實踐力也退化。再者，從小養成強烈的佔有欲望。這到底好不好？沒有多數共識的答案，只好讓「進化論」決定未來的結局，生物會自己找到「出口」。

筆者和詩人走過的年代，童玩都是自製，小孩自己或家人一起製造。如風箏、竹槍、竹馬、釣魚竿、竹蜻蜓、竹燈籠等，反正想玩什麼！小孩自己就得自己想辦法製造，詩人錫嘉兄當然也是。賞讀〈竹燈籠〉。（註①）

暗夜裡
溫暖的一顆心
握在手中
千萬隻眼睛
投以感激

燈籠裡就那顆
蠟燭紅心
照亮了路程
照清楚了臉
照明了世界
而今
紅燭心改換成電燈泡
卻照不亮路程
照不清楚臉

照不明世界
為什麼燈愈來愈亮
世界愈來愈暗？
唯獨竹燈籠
保持永遠的心情

這是一首借「竹燈籠」表達多重感覺的詩，並非單純的「物語」詩。在詩藝技巧上，利用二分法，將傳統與現代、光明與黑暗，明確的切割，這種技巧在文學、藝術、電影，一切的表演藝術使用最多，目的是產生最大「落差」，製造最大撞擊力，給觀眾（讀者）最大震撼，就如這首詩給人的震撼也很強大。

詩的前半部是正常燈籠的平常心論述，「蠟燭紅心……照明了世界」，至此燈籠發揮了應有的功能，可以說燈籠完成了人生使命，達成自我實現的目標。但接下來就不妙了。「紅燭心改換成電燈泡／卻照不亮路程／照不清楚臉／照不明世界」這是詭異的問題，電燈必定比蠟燭亮度好很多，為何反而功能差？顯然這不是外物「電燈」的問題，而是內在「人心」出了大問題。

詩人進一步再質疑，「**為什麼燈愈來愈亮／世界愈來愈暗？**」其實詩人心知肚明，不過是代讀者提問。蠟燭照明象徵傳統農業時代的純樸社會，電燈照明象徵工商發達的現代資訊社會，兩種社會型態的價值觀完全不同。愈是「現代」的地方愈是「燈紅」酒綠，與「性產業」「毒品產業」相關產業，必然愈是發達，這些地方「燈愈來愈亮」，五光十色刺激人的感官；然而，人心也就日愈沉淪、墮落，人心全是黑暗的，世界當然愈來愈黑！

基本上，詩人借〈竹燈籠〉一詩，表達對現代社會失去良善價值觀的不滿，人心都變了。詩人期許自己，如那燈籠，照明工具變了，自身能始終如一，「**唯獨竹燈籠／保持永遠的心情**」，不受外界各種誘惑牽引，做一個不忘初心的人。賞讀〈竹蜻蜓〉。（註②）

長空
藍成令人想飛的

遼闊

竹子節節昇高
風動
綠葉展翅
欲飛翔

尤其在疾風中
那飛姿
更叫人不禁相信
總有一天
它真的會飛起來

撫摸勁竹
我的手知道

知道竹子
想飛

於是劈竹成翼
就讓它飛起來了！

竹翼旋風而去
半是蜻蜓
半是竹

可愛的童玩小品，讓我想起小時候玩竹蜻蜓、放風箏的日子，情境都很類似。「長空／藍成令人想飛的／遼闊」。小時候住家附近很多一望無垠的田野或空地，村裡的孩子們每天玩著各種童玩遊戲等，晴天藍空，孩子們在青草地上飛。這是詩人的想像造境，寫詩的當下並沒有在玩竹蜻蜓，只是回憶童年玩竹蜻蜓的情境，甚為寫實。因為凡是小時候玩過竹蜻蜓的人，同樣會有想飛的心境，甚至「更叫人不禁相信／總有一天／它眞的會飛起來」，這詩意和讀者就有了共鳴。

「我的手知道／知道竹子／想飛」，手都想飛了，人更想飛，於是就真的飛了。「竹翼旋風而去／半是蜻蜓／半是竹」，詩有很多弦外之音，小孩為何都想飛？其實只是想玩，小孩都是天生的「玩家」，一玩心就收不回來，一直在外面飛，沒有媽媽喊著「阿狗、阿貓」回家吃飯囉！還不想回家。賞讀〈竹錢筒仔〉。（註③）

拿著散放竹香的
錢筒仔
用童年的心情
投一枚硬幣
回聲蕩漾
當年是一種極其
喜悅的鏗鏘

中年以後

擺一種童年的姿態
左手錢筒仔
右手捏一根細細的
竹籤
向眉洞裡
輕輕的挑出兒時情趣

那是一枚枚投入
只當是一種遊戲
這種遊戲卻在
逐漸增長的年歲裡
感到人生沉重

竹香與銅臭
在永不剖開的竹錢筒裡

醱酵喜悅
誘惑這雙風霜的手
不時的去挖掘

人生旅程是一張單程車票，過了一站就過了，就回不去了。時空理論雖有所謂「回到從前」，畢竟那只是「假設性理論」，人類科技再發展數百年，也不可能讓人真的回到從前。例如，讓八十歲老人家，回到活潑可愛、細皮鮮肉的兒童！絕無可能！因為，若有這種事發生，必然是整個宇宙的毀滅！

但現實世界裡，確實有另一種「回到從前」的現象，而且極為普遍，可以說人人有機會（身不由己的機會）。中國人的祖先留下一言「返老還童」，《神仙傳》曰：「王薄我老，今則少矣，八公皆變為童子。」如是返老還童。筆者岳母在八十多歲時開始失智，到九十五歲離世，後幾年醫生測定結果，她已完全回到兩歲狀態，所有事情必須專人處理，這是真實的「回到從前」。

幾乎所以作家、詩人都寫過回憶童年的作品，凡失去的人必感到不捨，因此人愈老愈會經常性的回憶過去，尤其無憂無慮的童年時光，最是回憶的好題材。但若失智產生的「返老還童」，我所碰到的「老」朋友，異口同聲說：「千萬不要來找我」！只是這種「病」越來越普遍，人人有機會，個個沒把握！

詩人一把年紀了，所以常在回憶童年。「**用童年的心情／投一枚硬幣／回聲蕩漾**」，「竹錢筒仔」（台語發音通常只念「錢筒仔」，不念「竹」字，它本來就是竹。）這個情境只能想像、感受，不能論述。

這首詩除了回憶童年存錢筒的感覺，也透過回憶感傷年華一去不回。「**逐漸增長的歲月裡／感到人生沉重……誘惑這雙風霜的手／不時的去挖掘**」。大凡會感到人生沉重，都是人過中年了，已經歷過人生的風霜，智慧乃從風霜出！

《竹頭集》頗多童年回憶作品，如〈鬥蟋蟀〉、〈竹槍〉、〈騎竹馬相戰〉等，皆童趣十足，很能喚起同輩人的共鳴。只可惜這些都失傳了，現在的孩子不玩、不知、不懂了！

註釋

①林錫嘉，〈竹燈籠〉，《竹頭集》（台北：九歌出版社，一九九五年十二月二十日），頁四二－四三。

②林錫嘉，〈竹蜻蜓〉，同註①書，頁一〇二—一〇四。

③林錫嘉，〈竹錢筒仔〉，同註①書，頁九二—九四。

第十三章 《竹頭集》㈤ 你心中也牽繫一條血脈，中國

著名詩人林煥彰先生，與林錫嘉同年，從民國四十七年起，他們就是同公司同仁（台灣肥料公司南港廠化驗股）。民國五十五年時，林煥彰、林錫嘉和史義仁三人，還一起合辦《青草地》詩刊，半個多世紀來，二林有深厚的友誼，目前也同是《林家詩社》會員。所以，我特別一再賞讀林煥彰先生為《竹頭集》寫的一篇序，該序〈竹仔情——序錫嘉的《竹頭集》〉有一段話，詩人以一貫含蓄的詩語言說：（註①）

近些年來，台灣整個文壇皆以政治為導向，大多數省籍作家紛紛以強調「本土」意識為時尚，熱中與政治掛鉤，而沾沾自喜；但錫嘉的《竹頭集》，卻不受竹梢上的政治風向所左右，抒寫的是眞正的鄉土，從人的本性出發，涵蓋著最最值得珍惜

的鄉土之情和親情之情。

這些年指的是一九九五年底之前幾年，「**台灣整個文壇皆以政治爲導向**」。這是一句很沉重的話，表示前幾年文壇（文學、藝術、文化界，範圍極廣），所有創作工作者全失去了真性情，成了政治意識型態的奴隸。統派文人為統派政治圈書寫頌德，甚至以筆為槍攻擊不同陣營；反之，獨派文人為獨派政治圈書寫歌頌，也攻擊不同陣營。其中有最極端者，有文人為向政治高層表態，以謀一頂烏紗帽，把蔣公銅像「大割八塊」，終於換取一個「文化局長」職位。凡此，台灣不光是政壇瘋了，文壇詩界也喪失真性情，不問是非真假，只搞政治鬥爭，林煥彰先生有如是的感嘆！幸好還有一個林錫嘉是理性的，是不忘初心、始終如一的，他不受政治風向左右。

林煥彰所述「**不受竹梢上的政治風向所左右**」，揭開文字下的真相，應指當時很多本是「中國人」，受政治洗腦變成「不是中國人」，不敢承認自己就是中華民族之一員；反之，亦然。林錫嘉則不受這種影響，他心中始終牽繫一條血脈——中國。啊！我敬佩始終如一的人，不論他是左派右派，能把某種信念堅守一輩子的人，我向他致敬。林煥彰先生在該序另一段話，也讓我心中產生很複雜的感嘆！（註②）

錫嘉和我本性相近，境況相似，他寫這些詩作的心情，我都有過，也都表現得極爲無奈，極爲懦弱；因爲，我們都善良，都慣於逆來順受，而詩正是我們這般懦者的唯一的心聲，對於變動中的環境，急遽流失的鄉土人文，我們無力挽回什麼，只有透過詩抒寫內心的感受，似乎什麼也不能再有所作爲了。

觀察古今中外歷史，似乎林煥彰也說的有道理，杜甫也只能嘆「朱門酒肉臭、路有凍死骨」，李後主嘆「春花秋月何時了」，而屈原只好去跳江……詩人都逆來順受，不能再有所作為？也無力挽回什麼！詩人是極為懦弱者嗎？我要向誰求得答案？

林煥彰的言外之意，我判斷就是針對台灣搞台獨，給社會帶來的動亂。更嚴重的，我們本來就是中國人，被政治操弄洗腦，搞得年輕一代變成「非中國人」；大家也都忘了自己是炎黃子孫、是中華民族光榮的一員，台獨背叛列祖列宗，這才是林煥彰的痛心。

林錫嘉又如何？他在《親情詩集》〈我的江河〉一詩，這麼寫著「走到了／十一月的長江與黃河〃在我的國家／有兩條／歷史的江河……流入我的心田／如一種親切的父母語／日日叮嚀」。（註③）在錫嘉心中，中國就是「我的國家」，我們的祖國，我們

都是中國人。在《竹頭集》〈風箏〉一詩曰：（註④）

只有你
能用細靭的竹子
緊緊拉住
風的意思
在天空
寫出一句話

迎風而起
飛成一棵
蒼松的姿態
你！竟是
寫在中國天空裡的
一句真心

飛過唐
飛過宋明
至今，我也在
國父紀念館前的天空
看見

俯視多少朝代
再遠久
你心中也牽繫一條
血脈般的
中國

即使風雨綠慘
你仍是中國天空裡的

一句真心

借風箏在天空高飛的意象，述說對自己的祖國——中國，種種牽腸掛肚的真情流露，我不得不再頌揚一次錫嘉，可敬可佩的「愛國詩人」啊！「**只有你……在天空／寫出一句話**」。第一段的起首式，詩人先設下「伏筆」，風箏在天空飛翔，象徵詩人自由自在，很自然的想說一些心中話。進到第二段，風箏越飛越高，姿勢如中國大地之壯觀，「**寫在中國天空裡的／一句眞心**」，原來詩人想表達的，不過是對祖國的真情。

第三段詩人借風箏穿透時空，飛過中國千百年歷史航程，從遠古三皇五帝飛到大唐，五代宋元明清，飛到台北國父紀念館的天空。這段的詩外之意，是象徵詩人與中國歷史、中華文化的一體融合。無論何時！「**你心中也牽繫一條／血脈般的／中國**」，詩人把和祖國的關係，上昇到如血緣關係般的親情，這是多麼珍貴的情份。應知，世間最珍貴是愛的情操，而最偉大是愛民族的情操。

最後「**即使風雨綠慘**」，這應指晚清後中國的衰落到現在的分裂，統一問題尚未解決，還有不少問題，所以綠慘或慘綠吧！但這有什麼關係，不影響詩人對祖國的真心。「**你仍是中國天空裡的／一句眞心**」，不論祖國如何！對祖國的愛永恆不變，永恆的真心！

這首詩題〈風箏〉，內涵全是對祖國——中國的真心真情。其詩的弦外之音，不外期待祖國能像高飛的風箏，那樣寬廣與自由自在。賞讀〈笛子——聆鄭正華笛演奏〉一詩。（註⑤）

你輕輕握在手心
那支笛
短短的
卻塞滿長長的鄉愁

舞台的燈光亮起來
那支笛
像見到久違的陽光
不管屋外車湧人潮

自無限靜謐的舞台深處
緩緩流出
扣人心弦的鄉音

突然，笛低聲哀訴
聲音微弱婉約
一如當年驚愕中的飲泣
笛好像知道
深深知道你握笛的情懷
看你眉皺凝思
按在笛孔的手指
輕輕移動
笛子裡濕透了的鄉愁
全傾洩而出
淹沒了我們

這是一種如海的悲愁
屬於中國的
今晚
笛來傾訴
笛來說
緩緩顫顫
正是我思鄉的心情

鄭正華，中國音樂家協會上海分會會員，一九六〇年進入上海民族樂團，師承陸春齡先生（笛子）、孫裕德先生（簫）、張子謙先生（古琴）。故鄭教授專長是笛、簫和古琴，曾任教南華大學民族音樂系所，為現代中國著名音樂家。

詩人透過聆聽鄭正華教授的笛演奏，從笛聲的鄉愁連接到中國意涵，再連接到自己的思鄉鄉愁。若詩人心中沒有「中國」，不會感受到這種鄉愁，也不可能從笛聲中聽到有中國意涵，這是很簡單的道理。更不可能「屬於中國的／今晚」，這可見「中國」在詩人心中有很高份量。

第一段「那支笛／短短的／卻塞滿長長的鄉愁」，這裡有豐富的詩語言，音樂家的鄉愁還是詩人的鄉愁？想必詩人也有不少！詩人生在台灣長在台灣，但中國仍是「祖國」，祖先都來自神州大地，墓碑和祖先牌位記錄得清清楚楚，對大陸怎能沒有鄉愁？所以，凡是來自大陸的聲音，都是從心中「緩緩流出／扣人心弦的鄉音」。

「突然，笛低聲哀訴／聲音微弱婉約／一如當年驚愕中的飲泣」，當時演奏曲目為何？筆者不得而知，但必然是詩人聆聽的感動，為何哀訴？為何飲泣？也應有一段可歌可泣的故事。那時當年驚愕，何年？是一九四九年嗎？就留給大家去想像，詩是不應該「說明白、講清楚」的。否則，讀者完全沒有空間，也就失去閱讀的誘因。

總之，充滿著「中國意涵」。「這是一種如海的悲愁／屬於中國的／今晚」，很沉重如海的悲愁，詩人情牽整個中華民族之富強，乃至國家尚未統一吧！所以悲愁。到了尾聲，「正是我思鄉的心情」，說是笛的傾訴，不如說是詩人借「物」傾訴。賞讀〈竹劍心事〉一詩，詩人心痛「中國，您怎麼了？」（註⑥）

一支竹劍
自我童年的腰際拔起
在無塵的鬥鬧中
竹劍
握在少年的手中
如一支支芒草在徐風中交戰

歲月是一種悲劇的溫床
久雨邪惡
把社會的濕氣上升
百分之百
竹劍濕透了心
拔不出劍鞘
激怒了
心中藏存一句長長詩情的

中年詩人

中國，你怎麼了？
千年養竹不成林
卻叫邪魅獷野嗥
中國，你到底怎麼了！

中年詩人奮力拔出
濕透的竹劍
冷冷的刺入
那直不起來的
中國的背脊

在此不安的歲月
但願相伴竹劍

劍是一種兵器，已是中年的詩人，為何要重啟少年時代手握之竹劍，亦是寶劍？欲為何而戰？為誰而戰？詩人開啟戰端，「**一支竹劍／自我童年的腰際拔起……在徐風中交戰**」，想像一場戰事的壯烈。但戰爭原因何在？為誰為何拔劍才是重點，詩人不會無故開啟戰端！

原來戰事起因於當時的社會環境（或兩岸關係），「**歲月是一種悲劇的溫床／久雨邪惡／把社會的濕氣上升**」。這些意象透露詭異的訊息，可以有很多想像或解讀，是豐富的詩語言。很多歷史留下的難題，如兩韓、兩岸，拖久了就成為「悲劇的溫床」，有如「久雨邪惡」，就像台灣，統一問題不解決，內部鬥爭永不停止，社會氣氛越來越邪惡。凡此，「**激怒了／心中藏存一句長長詩情的／中年詩人**」，拔劍而起，企圖替天行道嗎？他心中牽念的是國家、民族的問題。

「**中國，您怎麼了？**」多沉重的一問，這一問可以問出很多大問題。從滿清中葉以來，這將近兩百年裡，中國有多少讓人心痛的問題！堂堂地球上地大物博人眾之大國，為何受制於西方強權？受制於小日本鬼子？原來是「**千年養竹不成林**」，才是病根所在，才使「卻叫邪魅獷野嗥」」。中國，你怎麼了？你何時才會強大起來？

「中年詩人奮力拔出／濕透的竹劍／冷冷的刺入／那直不起來的／中國的背脊」，這是不是意味著給祖國刺入一道強心針？詩人恨鐵不成鋼，恨祖國脊樑直不起來！恨我們中國人為什麼不能挺起胸堂？恨國家為何不強大？

歷史留下難解的習題，政治鬥爭又讓習題複雜化。如林煥彰說的，我們無力挽回什麼！也不能有所作為，只能用詩表達心聲。錫嘉用詩表達對祖國的愛，人間最高的情操！尤其很多人畏懼不敢說，變了初心，錫嘉始終如一！

註釋

①林煥彰，〈竹仔情——序錫嘉的《竹頭集》〉，林錫嘉，《竹頭集》（台北：九歌出版社，一九九五年十二月二十日），頁一一六。

②同註①。

③林錫嘉，〈我的江河〉，《親情詩集》（台北：長歌出版社，民國六十八年五月），頁六四一六五。

④林錫嘉，〈風箏〉，《竹頭集》（台北：九歌出版社，一九九五年十二月二十日），頁一〇

五－一〇七。

⑤林錫嘉，〈笛子——聆鄭正華笛演奏〉，同註④書，頁四七－四九。

⑥林錫嘉，〈竹劍心事〉，同註④書，頁七二－七四。

第十四章 《竹頭集》㈥世界在成住壞空中輪迴

「世界在成住壞空中輪迴」，想必大家知道這是佛教根本的宇宙觀，或世界觀、人生觀亦如是。「成住壞空」是說，宇宙間一切「成」（因緣形成、誕生）後↓「住」（存在、過程）↓「壞」（最後必壞、腐、病）↓「空」（死亡、壞滅、結束）……某種因緣又形成。人生如是，在生生世世、六道中輪迴，所以人有前世、今生和來世的三世生命。

說到這些，讀者有些大概就認為「宗教的東西，信者恆信，不信者恆不信」。想必亦如是，因為人人各有因緣、各有基因，很多「鐵齒」動不動就說「三世因果？證明我看看……」筆者不敏，不敢多言。但我知道出身台灣大學數學系的佛光山慧開法師，他的名著《生命是一種連續函數》一書，就是用數學方法和科學原理，證明「三世輪迴說」。（註①）該書可以解開很多人對三世、輪迴、成住壞空等之疑惑，深值推荐給有心想進一步理解問題的人，可以深入研讀，保證收穫大大。

為什麼談林錫嘉的現代詩，要先講「成住壞空中輪迴」這些道理？此乃《竹頭集》中幾首詩，從這種觀點解讀才見詩之「高度」。再者，錫嘉兄是佛教徒，他的作品中藏著佛法。首先賞析〈草與工廠〉。（註②）

甚至用來給水的
泵浦
也被草淹沒了
只有微風過處
才能自葉隙間
看見銹爛的
馬達
三十年前的冬天
機器鐵獸咄咄逼喝

田野遷徒
鷺鷥飛離了水田
牛也傷心遠去
就此
機器每天騷吵
喧天

草蟄伏在遠遠的角落
窺視
如復國的將士
等待
並結合泥土
短暫的離開
「我們終將再回來！」草說

於是，草在遠處伺機
看到煙靄
飄過機器
也看到人在噪音中
耳朵塞緊棉花
人在塵埃中
蒙上口罩
鋼鐵一天天銹爛
再度倒回大地

時間是天地
天地是真理
如今
在遠方窺視的
草們

在一陣綿綿春雨過後
揭綠如旗
返回他們的土地

如這詩的意象，可以看成人與自然的鬥爭，或可看成人和自然界的交流互動關係；也可以看成人類、眾生與自然在成住壞空中輪迴。如是解讀、詮釋之。是這首詩在詩意之外的最高層次。

相信很多喜好旅遊的人到過吳歌窟，其實不久以前（約五百年前、我國明朝末葉），這裡還是繁華的大城市，由於不明原因「人去城空」，不到百年整個大城被森林「吃」掉了，完全被植物蓋住，又經三百多年被考古學家發現，移去部份值物得以重見天日，成為現在著名的觀光景點。類似案例在地球上不少，馬丘比丘也是，就是在台灣也有這種被大自然「吃掉」，又重現人間才被人們當成寶物看待的。

〈草與工廠〉第一段，人類的工業文明節節敗退，泵浦、馬達都被大自然「吃」了。「甚至用來給水的／泵浦／也被草淹沒了／只有微風過處／才能自葉隙間／看見銹爛的／馬達」，這裡有兩股力量在對決，泵浦馬達象徵人類的文明力量（或貪婪與過度開發）；草象徵大自然的力量。為什麼用「草」不用「松柏」？草看似柔弱，其實強大，人所建造的任何東西（如馬路、橋樑等），若數十年不理它，必被雜草淹沒，百年就「亡」於草的自然力量。若地球上沒有人類，草類是最後勝利者，但當星球到了「壞」、「空」，草亦壞空了。

惟不論是誰！因緣生成、誕生、壯大的「成住」階段，總是目中無人，自持強大，自封霸主，逼得其他物種死的死，逃的逃。「三十年前的冬天／機器鐵獸咄咄逼喝／田野遷徙／鷺鷥飛離了水田／牛也傷心遠去／就此／機器每天騷吵／喧天」。我觀世界實相，莫不如是輪迴中。如國家、政黨、強權、帝國主義……乃至一切眾生，從長遠的大歷史，或更長久的大大歷史，無不在「緣起性空」中，成住壞空（或成住異滅）的輪迴。所以，世間一切都在生死中輪迴，生了死！死了生！

但《心經》說「無老死」「不生不滅」，到底有無生死？明明「死人了」，怎說無老死？筆者愚痴，還是請佛學大師慧開法師來說明。（註③）按佛教唯識學觀點，人的第七意識（末那識，亦即我執）與第八意識（阿賴耶識）的狀態，是永恆地轉動而不會停止的，在《唯識三十頌》所述：「恆轉如瀑流，阿羅漢位捨」，也就是說，第七和第八識是永恆流動的，肉體死亡仍然如是。要等到證得阿羅漢果時，才能「轉識成智」，此時屬於凡夫層次的意識之流（即妄念），才會終止。

由上所述，慧開法師讓我們清楚地理解到，在證悟到阿羅漢果位前，凡夫的意識之流是根本不會、也不曾間斷的。換言之，我們的靈性生命是從來就不會、也不曾死亡的，「死亡」只是肉體衰敗而不堪使用的表象。

理解到肉體有限的「使用年限」，年限（或意外）到了的「死亡」，以及靈性生命的永恆不死，讓我們更能領略人生「成住壞空」輪迴，有更高層次的意涵。擴而大之，人類的文明現象也是如此，文明「機器鐵獸咄咄逼喝」，大自然被破壞了；大自然也在準備反撲，「草蟄伏在遠遠的角落／窺視／如復國的將士／等待／並結合泥土／短暫的離開／「我們終將再回來！」草說」。

終於，我們看到世界各地一波波的災難，走山、地崩、土石流、洪水、島沉、氣候劇變、空氣和水污染……戰爭。以及北極冰山不見了，地球越來越熱，某種生物滅絕……於是，「地球第六次大滅絕」啟動了，不可逆了，成住壞空還是人類共業？反正都要承擔。人的文明破壞了自然環境，自然環境必定成為「如復國的將士」，對人類文明發動「反攻」，讓地球不再適合人居！

大自然反攻的結果，「草在遠處伺機／看到煙靄／飄過機器／也看到人在噪音中／

耳朵塞緊棉花／人在塵埃中／蒙上口罩／鋼鐵一天天銹爛／再度倒回大地」。這正是現在地球上多數人類的居住環境，我彷彿看到人類滅絕後，所有人類建造物，高樓大廈、橋樑大霸、生活設施等，約百餘年左右，鋼鐵一天天銹爛，再度倒回大地。不必等到那天，現在很多地方正在這樣發生。佛經《眾許摩訶帝經》說，「眾生之所作，善惡經百劫，因業不可壞，果報終自得。」人真是自作自受啊！

詩人深悟自然之道，警示眾生「時間是天地／天地是眞理」，人要以謙卑的態度善待自然環境。不要企圖征服自然，更不要破壞自然環境，人是不應該「鬥」自然的，因為「草們／在一陣綿綿春雨過後／揭綠如旗／返回他們的土地」，人與自然鬥，只有縮短「成住」，而加速「壞空」。詩人在許多作品中，充溢著深厚的佛法思想，散發著救世的人文芳香！賞讀〈變了樣的土地〉。（註④）

祖先赤腳
踩過的土地
我天天來回走過
竟然找不到

他們的腳印

成為大樓
成為街路
沒有腳印的土地
我天天來回走過
猶如走在陌生的地域
張開口
找不到一句哭調
土地上並不是不可以
植起不開花的鋼鐵
土地上並不是不可以
鋪上不能耕作的柏油

有時聽聽

那直直落的西北雨
說說祖先的故事
也只能這樣走過
也只能這樣聽聽
在這塊變了樣的土地上

這首詩有兩層極深刻意涵。第一層是表相上「看得見的土地」，因現代化過度開發而變了樣，已經看不到祖先的腳印（記憶）。第二層因台獨搞「去中國化」，實即「去祖先化」，要砍斷台灣和大陸的任何關係，這塊「看不見的土地」，消除「祖先的腳印」，因為祖先都來自中國大陸，都是中國人，此台獨不能容忍也！但如此搞下去，是台灣的災難啊！台灣會陷於永恆的「戰爭與和平」的輪迴，加速「成住壞空」輪迴！可憐，無知人民被政客「冷水煮青蛙」，幾全「腦殘」，而被政客牽著鼻子走，可憐啊！「呆丸朗」！

為搞「去中國化」，台灣話不能叫「閩南話」，絕不能和「閩」扯上關係，「台灣話」要提升成「國家語言」，要和祖宗斷絕關係。因此，「祖先赤腳／踩過的土地／我天天來回走過／竟然找不到／他們的腳印」，他們的腳印被現代開發抹去，被「去中國化」清除了。台灣人成了無祖無宗，他們說是日、西、荷的雜種，就是沒有「中國種」。政治的可怕、厲害，竟然可以讓人瞬間「變種」，這超越了成住壞空的道理，或加速成住壞空的輪迴。台灣人的共業啊！

詩人很無力也很無奈！如林煥彰先生說的，極為懦弱，不能有所作為。但錫嘉就是忘不了，「那直直落的西北雨／說說祖先的故事」，祖先如何從唐山來！自己從小沐浴的中華文化今何在？「也只能這樣走過／也只能這樣聽聽／在這塊變了樣的土地上」。這是詩人的籲天錄吧！天將要怎麼處置變樣土地上的人民？這些迷失自我，不知道「我是誰？」的一群人。賞讀〈草吟〉。（註⑤）

事實，我已找尋了很久
從柏油路底一點間隙
探出頭
並不囂張
只那麼悄悄
顫顫地抽長

而拔草的手
戴著白色手套
不記大地青綠綿延
把我連根
以及根上一點點的土
都拔去

回想伊早
在田野清風裡
友朋擠擁成
搖曳的草原
偶有農忙的腳步踏過
也還飄流著稻香
灰黑的柏油路上

文明與自然在「成住壞空」中輪迴。（台灣大學校本部一景）

不容一棵青青
小草？
昨日你心撫草
何以今日拔草急急？

柏油路以霸權姿態，鎮壓所有草類，絕不能讓他們出頭天，探出一點點頭頭也不行，必須立刻再鎮壓或拔除。尤其要斬草除根，以絕後患，杜絕任何革命或造反的機會。

草類似弱絕非弱，懂得柔弱勝鋼強的原理。不論人類如何對他們「斬草除根」，都是白做工。因此，他們總在困境隙處重生，等待春風乘勢而起，革命或造反都行，必能突破霸權的鎮壓，定有出頭的一天。

〈草吟〉一詩有甚深意涵，強者與弱者永恆的鬥爭，文明與自然永恆的決戰。但誰都不是永遠的贏家，也沒有永遠的輸，所有歷史上的大帝國、強權，遲早也要衰敗，中國衰弱二百年，現在又強勝了，廿一世紀地球將被「中國化」（引馬雲語），世界在成住壞空中輪迴。

賞讀錫嘉〈草吟〉、〈草與工廠〉、〈變了樣的土地〉等詩，深感其化「腐朽」為「神奇」的功力，不過雜草與銹鐵等物，能在他「萬法唯心」中，提昇到成住壞空的境界。吾觀宇宙、人生，萬物確實在成住壞空中輪迴，讀者是否悟到？

註釋

①釋慧開，《生命是一種連續函數》（台北：香海文化事業有限公司，二〇一四年七月）。該書各篇，〈生死探索〉、〈輪迴的現代理解〉、〈現代生死學〉、〈生命的永續經營〉、〈生命的終極關懷〉等，都深值一讀，一定可以解開許多「鐵齒」的問題，讓很多人走出疑惑。

②林錫嘉，〈草與工廠〉，《竹頭集》（台北：九歌出版社，一九九五年十二月二十日），頁一七〇－一七三。

③慧開法師（佛光山寺副住持、南華大學專任教授），〈「安樂死」的迷思與解套之乃（八）〉，《人間福報》，二〇一七年三月七日，B5版。

④林錫嘉，〈變了樣的土地〉，同註②書，頁一七七－一七九。

⑤林錫嘉，〈草吟〉，同註②書，頁一六七－一六九。

第十五章　《檸檬綠大錦蛇》㈠拉你入夢，入中國

幾乎研究過錫嘉所有的現代詩作品，我發現他很善於從中華文化中吸取「活水」，部份作品則有指標性的象徵意義。中華文化給他的養分，用之不盡！

例如，《親情詩集》上〈我的江河〉。《竹頭集》上的〈笛子〉、〈風箏〉、〈竹劍心事〉、〈竹蓆〉等，都在詩意裡飽涵「中國」意象，因為「中國」二字有很強大內涵，歷史、地理、文化、文學、藝術……這就讓詩產生強大的張力。而我所讀到最富「中國文化」意涵，是下面這首讀余秋雨作品的心得，（註①）〈床頭書——與妻夜讀《文化苦旅》〉一詩。（註②）

幾十萬文字
字字尖鑿

奧秘的莫高窟
好深遠，足夠埋藏
埋藏一個古中國

幾十萬波濤
融匯綿綿
連天的長江
遙長得，足夠拉你入夢
入中國

不論山山水水千里
不論波動沙漠無邊
壓縮成這樣一本
厚厚的書中
讓我在臨睡前

一再翻越
一再翻越也
翻不過的
那深邃和壯闊

床頭
沙場千山戰
洞窟歷史雕
一一呼喚
……
終於
夜盡日白
床頭燈方熄

這是一首從文化「入門」的詩，一個民族的文化範圍可謂無限寬廣，「其大無外、其小無內」。整個民族從古至今所形成和創造的一切，都可以包含在民族文化內，尤其對於詩人、作家、藝術家等創作者而言，民族文化是取之不盡的「活水資源」，認同本民族文化是讓自己作品昇格的「唯一途徑」。著名詩論家蕭蕭針對這個問題，有深入說明。他說未來現代詩必定是：「空間上，是台灣鄉土的關懷；時間上，是中國文化的認同。」（註③）蕭蕭闡揚，文化，是每個民族「安身立命」的永久根基。因此，詩人，你是否重視中國文化的認同？唯有真正廣博的中國文化冶鍊，才能造就明日現代詩的巨人。換言之，有深厚的中國文化底蘊，是詩人創作出「經典」的唯一途徑。而關懷台灣，不可局限台灣，要上升到文化的源頭，即中國文化。蕭蕭的總結是時空不可兩分，唯有在台灣鄉土和中國文化的認同、認知之下，才能堅強有力，奔赴更遠大的新境界，期待從台灣鄉土伸展為中國文化的偉大詩人、偉大詩篇！

余秋雨作品在台灣甚為流行，應該是文化對台灣讀者產生的吸引力。余的作品（若以《文化苦旅》為代表），可以是中國文化的探索者、解讀者，總讓人們既看到中國文化的深厚和活力，也讀到作者的感動，因而能和廣大的兩岸中國子民有共鳴，大家讀懂共同詩心和共同語言。再者，他為我們重回許多歷史和文化現場，好像帶領讀者也進入「歷史文化現場」，如身歷其境。這也難怪，錫嘉與妻把《文化苦旅》做為「床頭書」，每晚「**連天的長江／遙長得，足夠拉你入夢／入中國**」，夫妻倆相擁入夢後，在神州大地夢遊一晚！

第一段《文化苦旅》一書，幾十萬字。「**字字尖鑿／奧秘的莫高窟／好深遠，足夠埋藏／埋藏一個古中國**」。這「尖鑿」二字詩的意象「奇險」，表示字字可以入木三分，能刻人骨銘人心，可見「尖鑿」用得「活」起來，讓這首詩在起頭的位置，像有一把「寶劍」的劍尖就直指事情的核心。所指何事？莫高窟埋藏一個古中國，這是何等豐富的中國文化和文明之寶藏。事實上，吾人所謂「中國文化」，有儒、佛、道三個重要核心內涵，莫高窟不過佛教文化文明的代表。世界「四大古文明」中，古希臘、古印度、古波斯三者早成了「死」文明，只有中華文化還「活」著，所以馬雲說廿一世紀全球將被中國化，即世界「中國文化」化，從現在看南北美、非洲、歐洲潮流，正在論證「全球中國化」加速進行中。

第二段的「中國夢」，林錫嘉比習近平早十餘年提到。「**幾十萬波濤／融匯綿綿／連天的長江／遙長得，足夠拉你入夢／入中國**」，中國人做夢做太久了，甚至夢破碎了，從滿清中葉鴉片戰爭以降，中國人夢碎兩百年！無夢、不敢做夢！一九四九年後兩岸中國人惡夢連連。終於，二〇〇八年北京奧運完成，中國人敢做夢了！不久習近平提出「中國夢」，現在不僅中國人積極建構中國夢，全球有夢想的人都在追求中國夢。而詩人啊！連天長江拉你入中國夢，你的夢境一定是全體中國人最美的風景，你是最早敢做中國夢的人！

神州大地風光美景無限，千萬年歷史文化寶藏數不清，你兩夫妻臨睡前「一再翻越／一再翻越也／翻不過的／那深邃和壯闊」。此處小用文字技巧，「翻閱」寫成「翻越」，雖是翻書頁，但可以想像如實境的「翻山越嶺」一樣感覺，如何也翻不完、翻不過，中國地大物博啊！確實，西起噴赤河，東到伯力，北起薩彥嶺，南到曾母暗沙，另外，還有尚待收回的琉球群島、外蒙古等。幾千萬平方公里的深邃和壯闊！「沙場千山戰／洞窟歷史雕／一一呼喚……」多少世界頂級勝景！無價寶藏，詩人倆口子一輩子的「中國夢」做不完了！賞讀另一首極有象徵性的詩，〈硯台〉。（註④）

墨濕的硯台
飽滿著歷史中國
智慧的芳香

那曾是詩人
馳騁的原野
此塊沃土
也曾擁埋過詩人的骨骸
一層層
等待筆的前來啊
如一把寶劍

劈下一句
長詩
在風雨聲中
鏤寫
硯台的中國
芳香的中國

筆、墨、紙、硯，在中華文化裡稱「文房四寶」，四者都有豐富、特殊的中國意涵。尤其國畫、書法兩類中國獨有的藝術創作，更是「四寶」合作才能有的作品。現代社會因電腦科技的發展，可能走上「無筆無紙」的時代，但要成為傳統書法、國畫名家，文房四寶的講究依然是必須的。

「墨濕的硯台／飽滿著歷史中國／智慧的芳香」，短短三行，為何可以「飽滿」整個中國歷史（含文化文明史）？古人沒有電腦、原子筆、鋼筆等書寫工具。所有中國古代經典（二十四史等），全部需要文房四寶合作完成，「硯」當然不可或缺，說歷史中國是在「硯基地」上完成，不僅合於事實，且有更豐富的想像。

第二段把一方小小硯台，透過想像力擴張成一個王國的廣大領土。「那曾是詩人／馳騁的原野」，想想，中國歷史上所有的文人創作，李白、杜甫、李商隱……乃至帝王將相，所有書寫行為少不了筆硯。尤其作家詩人一輩子創作，等於是在「硯國土」上馳騁。「硯田」一詞，就是形容文人一輩子在「硯」這塊「田地」上創作，如農夫一生在田裡耕作同樣可敬。詩人一生都獻給這塊「田地」，也就是「此塊沃土／也曾擁埋過詩人的骨骸」，這般的壯烈！也是可歌可泣！

「等待筆的前來啊／如一把寶劍」，這是硯的等待，以筆為劍，現代作家以筆為槍。

這又讓我想起詩人林煥彰在《竹頭集》詩集的序，所述詩人都善良，極為懦弱，無力挽回什麼！似乎不能有所作為。（註⑤）我以為，這是指「硬實力」（政治權力、武力、軍隊、兵器等），詩人作家沒有這種力量。但文人（廣義）有筆力，可形成「軟實力」，文化力量就是軟實力，這是一種無形而強大的力量。現在兩岸常出現的議題，就是用中華文化統合兩岸，乃至「全國中國化」論述，都指文化的軟實力。由此觀之，文人力量是強大的，馬列毛曾要打倒「孔家店」，如今孔家店開到全球夯起來，馬列毛今安在？現在台獨也要打倒孔家店，下場不好是可預知的。

筆墨紙硯的合體同盟，就是中華文化最強大的實力。「劈下一句／長詩／在風雨聲中／鏤寫／硯台的中國／芳香的中國」。做為一個要有全球影響力的大國，有資格領導全球，使「全球中國化」，揚棄資本主義文化，讓儒家文化「全球化」，這是中國在本世紀中葉可以完成的「大戰略目標」。如是中國，須要強大先進的硬實力（軍事力），以制壓或消滅邪魔惡勢力；同時需要軟實力（文化力），「硯台的中國／芳香的中國」，凝聚所有人民幸福快樂的溫床，全球人民共享中華文化，入中國，共享中國夢！

註釋

①余秋雨，一九四六年生，浙江餘姚（今慈溪）人。在上海完成中學和大學教育，曾任上海戲劇學院院長，後任復旦大學、同濟大學、交通大學、上海大學等教授，中國當代著名作家，重要著作有：《文化苦旅》、《山居筆記》、《霜冷長河》、《掩卷沉思》、《千年一嘆》、《余秋雨台灣演講》等數十部。《文化苦旅》和《借我一生》在台灣都很暢銷，讓台灣同胞對中華文化有進一步理解和認識

②林錫嘉，〈床頭書——與妻夜讀《文化苦旅》〉，《檸檬綠大錦蛇》（嘉義：嘉義市立文化中心，民國八十八年十一月），頁一三五—一三七。

③蕭蕭，《現代詩縱橫觀》（台北：文史哲出版社，民國八十九年二月），輯一，頁一九—二四。

④林錫嘉，〈碩台〉，《檸檬綠大錦蛇》，同註②，頁一七〇—一七一。

⑤林煥彰，〈竹仔情——序錫嘉的《竹頭集》〉。林錫嘉，《竹頭集》（台北，九歌出版社，一九九五年十二月二十日），頁一—六。

第十六章 《檸檬綠大錦蛇》㈡羅門和錫嘉詩的跨度和空白

當我第一回讀到錫嘉這樣的詩語言，「一粒小小的檳榔／竟然可以血濺／整個台灣的土地」，甚感驚悚，這樣的意象要表達什麼？這是警告還是喚醒或其他意涵？任何讀者讀到這句，相信馬上「提高警覺」！什麼大屠殺嗎？

我很快回神過來，從「詩語言」切入，這必然是詩人的夸飾和想像功夫的極致發揮，二者（夸飾、想像）又以想像力為主，夸飾之功為次。例如，吾人常說「想像力是藝術創作者的點金棒」，大師亦說：「藝術是靠想像而存在的」（高爾基）。可見得到一個重要「法則」，詩人要有「傳世經典」產出，必須要在想像力這門功課，要努力煅煉和領悟。但筆者以為，後天的努力「苦學」當然很重要，也要有幾分「天生才情」，才能成為大家公認的「大師」，最有可能產出「傳世經典」。

才仙逝不久的羅門是一個解說想像力案例的好榜樣。在當代中國詩壇，羅門是兩岸詩人公認「大師級」的詩人，他的很多作品確實傳頌於詩壇，更有不少研究評論等。有一份研究指出羅門的「想像力學」，羅門很早就懂得如何以想像的鑰匙輕鬆地旋開想像之門。這有什麼「秘訣」呢？原來羅門有自己的獨家密方，他放棄對「對象」屬性之間的相似、相近點的尋求（即放棄「近取譬」的聯想），而努力追求事物之間屬性特徵的遠距離差異，進而作出更為「不合法的配偶和離異」（培根語），即追求遠取譬式的想像，在大幅度的分解組合中，創造更高的藝術真實並形成動人的詩意。（註①）所以，「想像力」是一門「天大的學問」，想像本質是對表象的改造工作，是「情往感物」和「物來動情」的強大而「反常」的變異。改造加變異的愈「離譜」，詩愈有刺激性、引誘力，詩愈有看頭，愈有機會佔領「市場」。

研究以羅門著名詩作為例，如〈哥倫比亞太空梭登月記〉、〈教堂〉、〈露背裝〉、〈藍色的奧克立荷馬〉、〈機場・鳥的記事〉、〈死亡之塔〉等解析想像力之用。舉〈教堂〉賞析。（註②）

那是一部不銹鋼的洗衣機

經過六天弄髒的靈魂
禮拜日都送到這裡來受洗

唱詩班的嘴一張開
天國的電源便接通了
牧師的嘴一張開
水龍頭的水便滾滾下來
在布道詞回蕩的聲浪裡
受洗的靈魂　漂白又漂白
如果有什麼不潔的
更是自目中排出去的那些
不安與焦慮　迷惘與悔意

這史無前例的將教堂想像成不銹鋼洗衣機，就已經徹底「破壞」了對象屬性間關聯，達到「不合法的配偶和離異」。接著「洗」過程的想像，唱詩班的嘴接天國電源，牧師的嘴接水龍頭，布道詞漂白靈魂，這些想像「無理而微妙」，讓羅門的詩作稱頌兩岸。說羅門是當代詩壇「霸主」不為過，他自己也是睥睨詩界，傲視群雄。

為何羅門敢於睥睨詩壇？我發現他是拿命玩詩的人，一個人敢拿命來玩，定可稱霸。他在《麥堅利堡》特輯（卷七）的序說，詩人必須用「生命」非用「智誠」寫詩；詩人必須向「生命」與「藝術」進行雙向投資。所以在詩創作世界的「藝術馬戲團」裡，他選擇的不是變魔術、耍撲克牌……而是選擇高空飛人和走鋼索，將「生命」與「藝術」一同放在「真實」的驚視過程中，引起心靈顫動，呈現具有深度美的「生命」。（註③）羅門的詩確實像走綱索或高空飛人，用想像力在「玩命」。文學評論家劉夢溪才說：「初讀羅門詩，我被驚呆了。完全是另外一種思維、另外一種意象、另外一種符號。」（註④）因為想像「跨度」太大，拉開的「空白」太廣，「層級」不夠的讀者，難以想像羅門的想像。

本文以上的舉例和說明，都為賞析、解讀林錫嘉的一首詩，〈一粒檳榔一粒星〉。這首詩想像力「跨度」極大，拉開的「空白」也寬廣，是林詩想像力的代表作品，全詩如下。（註⑤）

此間，
一粒小小的檳榔
竟然可以血濺
整個台灣的土地

滿天的星星
全是台灣人欲摘下的
檳榔
一種超過欲求的貪婪
竟讓天空容不下一粒星
有的拿鐮刀
有的握匕首
一群婦女
撩起花裙子
掇接一粒粒落下來的星星

露出的內底褲
是掩耐不住的興奮
看得男人們裂開嘴
露出兩排又紅又黑的牙
有如生銹的鐵欄柵

台灣的天空
沒有一粒星
許多用星星來想家的人
有一天突然激情的在晴朗無雲的
夜空
用他們含淚的眼睛掛上去
掛上去
滿天的晶瑩
時兒淚水滴落

就有殞星滑過
他們滿心熱切的祈禱——
就讓淚水濺成千萬的清澈
而不是檳榔般
血濺我們的土地

這首詩在想像的力度看，有兩個層次。初層想像檳榔是滿天的星星，就形像具象言，還算對「對象」屬性的相似和相近範圍，「有理而微妙」的邏輯。一大片檳榔掛在半空中，確實如滿天星星，此不難想像。

另一個超越屬性之外的想像，是把台灣人吃檳榔的普遍現象，比喻加想像是「血濺整個台灣的土地」。大約筆者小時候確實如是，所見每個男人都在「吐血」，經數十年教育宣導，現在改善很多。詩人捕捉恐怖意象，這個「恐怖」情境，是屬性特徵的遠距差異，算是「不合法的配偶和離異」，有了遠取譬式的想像跨度和空白，「無理而微妙」的邏輯。

通常我們用「血濺」某地，都指武力革命、戰爭乃至大屠殺等事件，「血濺」意象甚為驚悚，而吃檳榔在心理上有滿足和提神作用，內涵或意義和爆發事件的血濺無關。惟吃檳榔有如「吐血」的相似形像，想像成血濺就有了「屬性特徵的遠距差異」，是對客觀表象的「強大工程改造」，且對變異改造的極為「離譜」。所以產生了恐怖、刺激的詩語言，西班牙詩人洛爾迦說：「一首詩的永恆價值在於想像（Image）的素質及相互間的一致。」（註⑥）司空詩品談「超詣」，曰：「匪神之靈，匪機之微。如將白雲，清風與歸。」又說詩之妙在「超詣」，超詣則「言出天地外，思出鬼神表。」（註⑦）凡此，均以想像「跨度和空白」，達想像之外，真是神鬼莫之能測，如羅門的詩，如錫嘉詩句「一粒小小的檳榔／竟然可以血濺／整個台灣的土地」。

惟詩乃多義語言之結構體，「多義」（意）和「結構」是併重的。〈一粒檳榔一粒星〉一詩，本質是鄉情、鄉土的關懷，這首詩在關懷之外，有強大的批判力，批判台灣在土地利用、農作種植，都發生了很嚴重的錯誤。放眼看去，到處種滿一片片檳榔，讓台灣男人一直在「吐血」，「血濺整個台灣的土地」，這是多麼嚴重的政策錯誤，詩人提出強烈呼籲！

第二段一開始話頭迴轉，批判台灣人的貪婪。「滿天的星星／全是台灣人欲摘下的／檳榔／一種超過欲求的貪婪」。台灣人眼光短淺，浪費、無知又貪婪，因為檳榔破壞大地，水土流失，對人體不健康，導至醫療浪費等，都是全民的重大損失。

第二段後面諷刺台灣男人喜歡看女人「裙底風光」，是如此嗎？這可要被扭送警察局的。「一群婦女／撩起花裙子／掇接一粒粒落下來的星星／露出的內底褲／是掩耐不住的興奮／看得男人們裂開嘴」，這情境不同於現代所謂的「偷窺」，相信婦女同胞應有同感，兩性間的自然反應確是這般風景；反之，若是一群男人穿得很清涼，女人們也會「掩耐不住的興奮／看得女人們裂開嘴」，甚至比男人反應更激烈離譜也說不定。女性朋友們，妳以為然否？當然也有貶意解讀，這是詩的多義性。例如，也能解讀成台灣男人很沒水準，「露出兩排又紅又黑的牙／有如生銹的鐵欄柵」，這個形像確實是有些欠佳，讀者大人們還有其他解讀？

第三段有強烈的批判意味，「台灣的天空／沒有一粒星」所指為何？空氣污染太嚴重嗎？或台灣天空被檳榔「佔領」，檳榔樹「眾手遮天」，想必「以上皆是」，尚有其他。接著，「夜空／用他們含淚的眼睛掛上去／掛上去／滿天的晶瑩／時兒淚水滴落／就有殞星滑過」，這意象是哀傷的，可以有各種詮釋，最悲傷的一種是不少人吃檳榔太久，被迫移民到西方極樂世界。本來是修很多善果才能去西方極樂世界，但對人世間的親人好友依然是淚水滴落，也是殞星滑過，這一切都是檳榔惹的禍。〈一粒檳榔一粒星〉，若能少一顆檳榔，就能多見到天空一顆星星，天空多一顆星星，人們多一個希望。期待有一天，台灣島上沒有一棵檳榔樹。

這首詩一開始，如古代禪師的棒喝，先用「血濺大地」的驚悚意象，在人的腦門上當頭一棒「恐嚇、威脅」你。而這，只不過從一粒檳榔開始，想像力的跨度和空白都極大，如羅門的「教堂和洗衣機」，二家都可以做比較研究之範例。

強而有力，首尾相呼應讓這首詩結構上很完整，詩人祈禱「就讓淚水濺成千萬的清澈／而不是檳榔般／血濺我們的土地」。大家不要種檳榔樹，不要吃檳榔，不要讓台灣人「吐血」了！西班牙詩人所述詩的永恆價值，在想像的素質和一致性。錫嘉這首詩正合這樣的論述，特別專文研析。

關於詩的想像「跨度」和「空白」，也就是對「對象」屬性跳接太遠，造成跨度太大，空白太廣，太「離譜」。我也聽到詩壇上常有評論，讓很多人看不懂，甚至只有作者一人懂，這樣的詩寫來何用？詩不就是要給人看給人懂嗎？「白居易派」詩人如是質問並宣揚。

〈一粒檳榔一粒星〉一詩，想像的「跨度」和「空白」都寬廣，也沒有跳接到讓人難懂。把對鄉土鄉情的關懷，提昇到批判層次，相信對實際情況，包含政府政策和社會大眾觀念都有改善。近年來台灣很多農地不種檳榔，吃檳榔人口也少了，這是詩人和他的詩對國家社會另類供獻吧！

註釋

①陳仲義，《現代詩技藝透析》（台北：文史哲出版社，二〇〇三年十二月），第八章，想像：「不合法的配偶與離異」。

②同註①，頁五一。

③羅門編著，《麥堅利堡》特輯（台北：文史哲出版社，民國八十四年四月十四日），序頁一。

④同註③書，頁二三。

⑤林錫嘉，〈一粒檳榔一粒星〉，《檸檬綠大錦蛇》（嘉義：嘉義市立文化中心，民國八十八年十一月），頁一四六－一四八。

⑥同註①書，頁五〇。

⑦蕭水順（蕭蕭），《從鍾嶸詩品到司空詩品》（台北：文史哲出版社，民國八十二年二月），上編，第七章，〈司空詩品與中國詩論〉

第十七章　《檸檬綠大錦蛇》㈢人生的〈石頭記〉

《檸檬綠大錦蛇》（以下簡稱《檸檬》），是一本詩和散文的合集，所寫大約就是親情、鄉情和心情三種內涵。尤其親情，在錫嘉兄所出版各書，著墨最多，書寫祖輩、父母、愛妻、家人、鄉土生活等。可見得，他的家庭家族親情與倫理關係，極為和諧幸福美滿，這是人生的富足，現代社會已越來越稀有了，傳統價值被顛覆流失將盡。

近年（二〇一六年下半後）以來，大家鬧得同性戀要「平權」、要合法，將加速傳統婚姻制度崩解。國民小學的孩子們，竟然已開始教育要如何「性交」！兩男或兩女也可以結婚，「女生不一定是媽媽」「男生不一定是爸爸」。凡此，不出幾年，台灣必成「性泛濫、愛滋病、其他可怕病」之「異形」社會。這還只是有形（物質面）的傷害，加速整體的資產耗盡和「物種災難」。更嚴重的，是無形（心理、道德面）的壞滅，包含親情、倫理、道德、良知、人際關係等，都會全面崩解壞死，台灣社會的未來很可怕！

除非啟動一場「革命戰爭」，用「戰爭洗禮」，洗去所有「罪惡」，乃有機會新生。從某方面看，人很愚昧無知，很容易被洗腦，被權威牽著鼻子走而不自知，不經「痛苦洗禮」，難以醒悟。

就在這全面崩解壞死尚未來臨之前夜，再次賞讀《檸檬》集中有關親情倫理的好風景，〈檸檬綠大錦蛇〉、〈三叔公的書房〉、〈親情〉、〈石臼深情〉、〈秤仔人生〉、〈又是一年冬至〉……一篇篇充滿親情芳香和人性光輝的散文。（註①）現代詩方面，再介紹幾首很有人生領悟的作品，〈海邊撿石頭記〉。（註②）

疲憊的浮沉
在這波濤洶湧的大海
浪是越來越大了
連愈蓋愈高的巨廈
也如岸邊岩石
蜷伏在浪濤之中

赤腳走在
岸邊這
一片靜默的岩石
更覺身旁狂襲不斷的
海浪，擾攘不休

即使海岸邊所有的石頭
都失去記憶
每一顆石頭
也仍深深鏤刻著
浪濤沖擊的傷痕

有些是無助的跪拜者
有些是憤怒的抵抗者
也有一些圓圓滑滑的

可以在浪潮來去間
滾來滾去

伸出手撿那一個？
想起自己
在更銳利翻湧的人潮之中
傷痕比石頭更深

就撿個自己回家吧！

只能疲憊的浮沉
在這片擠湧的濁浪之中
憂憂的凝視
這片不斷受侵擾的
世界

很有意思、很有境界，想像空間也寬廣的一首詩。明的是海邊撿石頭，透過詩的張力，暗喻人生起落和面臨各種困境，更擴張到世間的眾生百態。雖說是詩人的人生詩寫，但這首詩也有普遍性，因為許多人到中年回首自己走過的路，亦如這詩說，很容易讓讀者「對號入座」，覺得自己就像詩中情境一般。

技巧上，這首詩用了二分法，岸邊石頭象徵主觀的「我」，或主觀的任何人；而大海浪潮象徵客觀世界一切環境，或客觀形成的任何困境打擊等。這樣就出現多種相對抵抗的情境，海岸與大海的對立、人與環境的抗衡、存在與毀滅的對決，乃至生與死的糾纏……諸多相對情境全部從二分法戰略生出。在戰爭與政治領域，二分法是甚深謀略，古今中外的歷史用得最多的「滅敵」計策，正是這種簡易好用又微妙的二分法，例如把一群人分割成「愛台」和「賣台」，就有可觀的「戰果」，更有豐厚的利益入袋。當然，錢、權和支持者都有了，不是很爽嗎？但是，詩人之運用二分法，除了寫出好詩，其餘並無任何利益可圖，詩人是不刻意圖利的。寫出好詩比較重要，好好賞讀這首海邊撿石記。

第一段「疲憊的浮沉／在這波濤洶湧的大海／浪是越來越大了」，海邊石頭如是，詩人如是，眾生人生皆如是。人離開學校進入職場後，隨著年紀或事業越來越大，一定就感覺到「浪是越來越大了」，這通常是中年以後的領悟。人都是到了一定年歲，江湖混久了，才會覺得疲憊，覺得人生旅途如大海波浪，一不小心就遭「滅頂」。接下來有如「地球第六次大滅絕」發生了，「連愈蓋愈高的巨廈／也如岸邊岩石／蜷伏在浪濤之中」，科學家一再警告，因地球暖化、北極融冰、海水上漲，在本世紀末之前，會有很多生物（含人類）大量滅絕，所有沿海的城市都會被大海淹沒。而製造這個恐怖大災難的禍首，正是自號「萬物之靈」的人類，全人類造惡因惡業，共同承擔可怕惡果，只是人類以外的物種，全被拉下陪葬（到時眾生恐無處無人可葬，只是大家一起死。）詩人的詩句在警示什麼？深值大家反思！

第二段「赤腳走在……海浪，擾攘不休」，人生是很弔詭的，本質上是「擾攘不安」的，人只要活著就絕不可能得到完全的平安、平靜、平和。絕大多數人的「人生實相」，就如曹操〈短歌行〉所說：「對酒當歌，人生幾何？譬如朝露，去日苦多。慨當以慷，憂思難忘。何以解憂？唯有杜康。」苦樂參半，擾攘不安，只有修行很好的人，可以活的很自在、很快樂，但也不是完全絕對的。向宋朝的無門慧開禪師學習吧。（註③）

春有百花秋有月，夏有涼風冬有雪；

若無閒事掛心頭，便是人間好時節。

禪師何等修為！他還只敢用一個假設句「若……則……」不用肯定句。可見得他有很多煩事，也是擾攘不休的人生，但他能活在「當下」好時節，一般人大多不易「把握當下」，因為過往的「傷痕」不可能像電腦的「消除鍵」，按一下就完全消失。如第三段海邊這石頭，「即使海岸邊所有的石頭／都失去記憶／每一顆石頭／也仍深深鏤刻著／浪濤沖擊的傷痕」。任何人旅途不會是完全的平順，必有些傷痕，或輕或重，因人感受而異，受到外界傷痕（身心傷害、霸凌等），都不可能完全忘記，頂多不想或設法釋懷，這是人很難完全原諒別人對自己造成的傷害。原諒自己很容易，原諒別人很困難，因為那傷痕「也仍深深鏤刻著」，在內心最底層的「潛意識記憶體」中，經常都會「自動」浮現眼前影幕……

第四段是人面對外境的行為反應，每個人的反應不同。例如面對霸凌，有的去跳海跳樓，有的殺人滅口，有的激發自立自強。「有些是無助的跪拜者／有些是憤怒的抵抗者／也有一些圓圓滑滑的／可以在浪潮來去間／滾來滾去」。你到海邊去撿石、觀石，可以看到各種反應海浪攻擊的各種「行為」，有強有弱，有圓有滑。人的社會也同樣，古今中外任何社會，一切朝代，尤其亡黨亡國亡政之末代前夕更明顯，有人去跪拜權勢者以保老命並得利益，有人起而號召革命推翻腐敗者，有人在左右各派間游走。更有人可以在「浪潮來去間／滾來滾去」，忽左忽右，忽統忽獨，那邊有利佔在那邊！然而，這些人世間的醜態，林錫嘉必定是「看在眼裡」，感慨萬千，才有這樣諷刺性又絕妙真實的詩句。詩人善於真實生活，呈現社會現狀，捕捉人心。詩人絕不會只寫石頭，必然是借石說話，批判醜惡，詩才有強大的感染力。

或許詩人真的在海邊散步，有很多靈感，也想到自己幾十年在職場、文壇碰到的事，以及國事家事天下事，自己到底混出什麼名堂沒？詩也到了要做結論的時候。第五段「伸出手撿那一個？／想起自己／在更銳利翻湧的人潮中／傷痕比石頭更深」。職場競爭和社會現實俱無情，有此打擊、傷害，乃至無意間的過失傷到別人，絕對是眾生一輩子會碰到的，身心傷痕也一定是有的。似乎，人生是一種療傷止痛的過程，當傷害形成時，如何轉化成自立自強的動力？讓「傷心」成為「增上心」，就看個人智慧、經驗和修為了！

第六段只有獨立一行，「就撿個自己回家吧！」詩句極有深意，表示詩人終於「要回家了」。人會想到「回家」也很不容易，大部份人在中年以前拼事業，都把家當「旅館」，尤其事業心重的男人，對「老母妻子倚門望」，無視無感。《戰國策》：「王孫賈年十五，事閔王，王出走，失王之處。」其母曰：「汝早出而晚來，則吾倚門而望；汝暮出而不還，則吾倚閭而望。」後世乃有「倚門倚閭」成語。好像古來女人就該在門閭望男人回家，總要望幾十年，男人才會有感，這很不公平。若望「他」一輩子還無感，真是虧大了。幸好，詩句用了一個「撿」字，似有妙處，表示一切隨緣之意，「丈夫」者，一丈之內才是「夫君」，一丈之外都是別人的。女人能這樣想，真是男人八輩子修得的福氣啊！

最後，詩人無奈的做結論，也是人生的現實，世界的「實相」。「只能疲憊的浮沉／在這片擠湧的濁浪之中／憂慮的凝視／這片不斷受侵擾的／世界」，每個人都有某種程度的掙扎，當總統可能進天牢或官司纏身，富二代光鮮卻常開超跑喪命。思考如何當個自在的人，應該是我們這些當詩人的追尋的情境，否則有真性情的傳世作品將何時才得產出？我們向觀自在學習「自在」。

〈海邊撿石頭記〉一詞極有深意，透過「石頭記」，有系統的揭示人生的實相、世界的真相。當然也更體現詩人的觀察力和悟力，否則怎能創作這樣自然、含蓄、比喻和想像俱佳的作品。賞讀另一首〈行直〉。（註④）

阿公
彎腰播田
秧苗行行
直直播
人生

阿公撿
路邊的小石子
與伯公仔
行直
庄腳人
快樂相殺
行歡喜吔

他們身旁
直直的街路
有很多少年仔
硬用蛇行
把街路
扭曲

這麼熱鬧的街路
空有棋盤
已很難找得到
行直的人

又是一嘆的人生小品，有此用台語念顯得親切，如「伯公仔、少年仔」。倒是「快樂相殺」一語意分歧，「相殺」會快樂嗎？應指鄉下幾位阿公一起聊八卦「殺」時間的場景。

詩的前二段在頌讚傳統農業社會的純樸風氣，鄉下的阿公阿伯都是直來直往，如「秧苗行行／直直播／人生」，一生做人做事都是「行直」的，表示內心的單純真誠。確實我們所見種田的人，從不知如何偽裝自己！如何算計別人！他們一生就按《農民歷》所述，做一輩子行直的「庄腳人」。

然而，詩人感嘆那個時代回不來了，雖然路還是直的，人心不直了，都已被人扭曲。少年仔「蛇行」，男人、女人、大人都在「蛇行」，「已很難找得到／行直的人」。到了現在的台灣社會，竟已成為「詐騙王國」聞名國際，全台住家幾乎家家用鐵窗鐵門鐵網鐵鉤包住，十足「小偷王國」特色。這一切，上樑不正下樑歪，政壇上全是詐騙者，更如強盜土匪，這樣的政壇如黑幫，台灣社會那有明天？何處有「行直」的人？

當天下人都黑，詩人不能黑；當天下人都在「蛇行」，詩人不能蛇行。因為，詩人的心黑了，也在蛇行，他就寫不出詩，當不成詩人，他只能去搞政治，政壇才是黑心蛇行者的天下。賞讀〈麥克阿瑟公路〉。（註⑤）

開過幾次刀的盲腸
不時還會隱隱作痛

不說話的公路
許多地方已經有了缺口
抽筋是經常有的事
許多醫生
開刀像孩子挑食
有的只開到傷口表面

時速限制
不准超車
狹橋
甚至以好風景
還是有那麼多病菌
亂竄

路旁有一堵很高的黑崖

像是皮膚上的硬塊
顯出被割切的氣惱
因此阻塞
血的流動以及眼睛
所有的堅固都長不出一枝草
是正成長的年齡

生命不安的坐在路口
用腳趾抓著騷癢的腳心
然後抱住頭
為經常嘔吐的街口祈禱

這首詩極有歷史，詩人最早發表在《葡萄園》詩刊（四期、民六十一），有半個世紀了。先收錄在《學詩初稿》（未出版），後有小改再收放《檸檬》一書，可見詩人對這首詩有「偏心」鍾情。

詩好不好？經不經典？首先得回到詩的「價值」（不是價格），為解釋明確，我再提示西班牙詩人洛爾迦說：「一首詩的永恆價值在於想像（Image）的素質及相互間的一致。」（註⑥）換言之，跨度、空白和結構三個素質，可決定一首詩的價值。

以想像的跨度和空白，加一致結構三個素質為標準，林錫嘉這首〈麥克阿瑟公路〉和羅門〈教堂〉，二者進行比較研究（參閱十六章），幾可「打成平手」。錫嘉的「公路」是人體的「腸子」，羅門的「教堂」是一部「不銹鋼洗衣機」。二者在詩藝技巧上，都已放棄對「對象」屬性之間的相似、相近點的尋求，而追求事物之間屬性特徵的遠距離差異。（註⑦）創造了更高的藝術真實，形成極有創意動人的詩意，這便是詩的價值。

「**開過幾次刀的盲腸**」，字面開盲腸，實則指公路整修工程；「**抽筋是經常有的事**」，當然就是工程或車禍造成的車流阻塞，或各種交通事故等。這樣的想像跨度，我無力全面清查是否空前？我以為和羅門〈教堂〉是不相上下的，創意確是不凡。

詩的二、三段就不難理解，但最後為何仍要祈禱？似乎還是要去求神，請教堂的牧師祈求平安，才能得到肯定的公路安全。路不管怎麼修，多少有事故發生，「**生命不安的坐在路口**」，特指麥克阿瑟公路的不安全，事故常有「**爲經常嘔吐的街口祈禱**」。當人的力量到了盡頭，還不能解決問題，就好好祈禱，一切交給神了。

註　釋

①林錫嘉，《檸檬綠大錦蛇》（嘉義：嘉義市立文化中心，民國八十八年十一月）。

②同註①書，頁一五七－一五九。

③無門慧開禪師，宋淳熙十年（一一八三年）生，元世祖中統元年（一二六〇年）圓寂。俗姓梁，字無門，浙江杭州人。為南嶽下十八世，佛教臨濟宗楊岐派。常奉詔為宋理宗說法，曾因祈雨應驗而獲賜金襴法衣並敕封「佛眼禪師」。著有《無門慧開禪師語錄》、《無門關》。資料引《星雲說偈一千江映月》，頁七〇。

④林錫嘉，〈行直〉，同註①書，頁一三八－一三九。

⑤林錫嘉，〈麥克阿瑟公路〉，同註①書，頁一七八－一八〇。這首詩最早刊在《葡萄園》詩刊，第四期（一九七二年四月十五日），頁二四。另也收在《學詩初稿》，小改後再收入《檸檬》一書。

⑥陳仲義，《現代詩技藝透析》（台北：文史哲出版社，二〇〇三年十二月），頁五〇。

⑦同註⑥書，頁四九－五一。

附　件　林錫嘉生命歷程與寫作年表

民國二十八年（一九三九）　一歲

△七月三日出生，台灣省嘉義新港人。

民國三十一年（一九四二）　四歲

△美國聯軍大舉轟炸台灣。躲空襲，住嘉義郊區外婆家。

民國三十四年（一九四五）　七歲

△日本投降，台灣光復。

民國三十五年（一九四六）　八歲

△台灣光復第二年入嘉義市垂陽國小就讀。

民國四十一年（一九五二）　十四歲

△七月：垂陽國小畢業；考進省立嘉義工業職業學校初中部化工科。

民國四十二年（一九五三）　十五歲

△三叔公肝病，暑假去新港陪叔公。

△三叔公任私塾漢文教師，開始教我讀《唐詩三百首》。開始閱讀《說岳全傳》（線裝書）。

民國四十四年（一九五五）　十七歲

△七月初中部畢業。又考進省立嘉義高工化工科。

民國四十五年（一九五六）　十八歲

△開始在嘉義市紅豆書局接觸現代文學、第一次接觸張漱菡編小說選。

△也在學校圖書館借散文、小說及「文學雜誌」閱讀。

民國四十七年（一九五八）　二十歲

△七月：省立嘉義高工化工科畢業。

△七月：北上台北，考進「台灣肥料公司南港廠」，化驗室擔任化驗工。（七月三日報到，開始職場生涯。）

民國四十八年（一九五九）　二十一歲

△考上中油研究員，因薪水關係，就仍在台肥任職。

民國四十九年（一九六〇） 二十二歲

△五月：入伍當兵（陸軍）。在台南官田第八訓練中心新兵訓練二個月。結訓後，被中心留任當「訓練中心教育班長」。並陪營長夜讀，他準備考參謀大學。

民國五十一年（一九六二） 二十四歲

△退伍前三個月入部隊。乘萬噸級「台灣輪」，自高雄港開往基隆港。帶張秀亞散文集《湖上》上船，在大船上閱讀，入迷。退伍後開始閱讀張秀亞、蕭白散文。

民國五十三年（一九六四） 二十六歲

△習詩，第一首詩〈露〉發表於葡萄園詩刊。（主編史義仁）。

△開始在詩刊、報紙副刊發表詩作。

民國五十四年（一九六五） 二十七歲

△開始發表《學詩初稿》詩作。（煙火、繆斯我與妳共舞、塑妳以斷虹與意象……。

△與家鄉的郭綱琴小姐結婚。

民國五十五年（一九六六） 二十八歲

△參加中國文藝協會「新詩創作研究班」學習。

△在台灣肥料公司南港廠，與史義仁、林煥彰辦《青草地詩刊》。

△五月十七日到台北市龍江街成功中學宿舍訪問紀弦老師，寫〈檳榔樹的造訪〉，發表於《笠》詩刊。

△寫〈季節之歌〉（發表於詩展望）、〈春的感覺〉（發表於青草地）。

民國五十六年（一九六七）　二十九歲

△三月：以詩畫作品〈植物園組曲〉參加「中國第二屆「現代藝術季」在耕莘文教院展出。

民國五十七年（一九六八）　三十歲

△五月，獲中華民國新詩學會「全國優秀青年詩人獎」。

民國五十八年（一九六九）　三十一歲

△八月，考進台北工專機械科在職進修。

△開始撰寫〈也是艱苦的歷程〉詩、散文，在《台肥月刊》連載。

民國五十九年（一九七〇）　三十二歲

△五月：〈乳之憶、保齡球之變奏、想著柵外的藍天〉等詩入選《中國新詩選》（綠蒂主編）。

民國六十年（一九七一）　三十三歲

△八月，台北工專畢業，進台肥公司基隆廠任工程師。

△年底起，開始閱讀黎巴嫩詩人紀伯倫作品，並學習翻譯。《流浪者及其欣賞》在《新文藝月刊》連載。同年，獲青溪文藝散文銅像獎和新詩佳作獎。

民國六十一年（一九七二）　三十四歲

△一年當中，幾乎都在閱讀、翻譯「黎巴嫩詩人紀伯倫」作品中渡過。沈醉其中。

△經由小說家王璞介紹，加入散文隊，時散文隊長是王明書。

民國六十二年（一九七三）　三十五歲

△六月：接受台灣電視公司「藝文沙龍」主持人陳敏華訪問，談〈詩的創作〉。

△七月：翻譯《生日頌歌》，於「林白出版社」出版中英對照本。

△五月：榮獲中國文藝協會詩歌創作文藝獎章。由教育部長蔣彥士頒獎。並蒙行政院長蔣經國接見。

民國六十四年（一九七五）　三十七歲

△四月：編「台灣第一本以春夏秋冬四季為主題的散文選《四季頌歌》。由大昇出版社出版。

△十月：譯註黎巴嫩詩人紀伯倫寓言《流浪者及其欣賞》由台北浩瀚出版社出版。

民國六十五年（一九七六） 三十八歲

△七月：譯《童詩的遊戲》在《笠》連載後，由「笠」詩刊社出版單行本。

民國六十六年（一九七七） 三十九歲

△一月：翻譯紀伯倫名著《破碎的翅膀》小說，在《新文藝連載，後由「世界文物供應社」出版《紀伯倫書簡》《破碎的翅膀》合集。

民國六十七年（一九七八） 四十歲

△三月：散文集《屬於山的日子》出版，台北水芙蓉出版社。

△十二月：十二月十六日中美斷交，遂寫「血」、「棄狗」二詩，表達心中的憤怒。「血」詩在六十八年元月六日愛國詩人自強朗誦大會上朗誦；該詩被選入「龍族的聲音」（黎明版）、及《從怒吼出發》（青溪文藝學會版）。

民國六十八年（一九七九） 四十一歲

△五月：詩集《親情詩集》出版，台北，長歌出版社。

民國六十九年（一九八〇） 四十二歲

△四月：被國軍新文藝散文隊推選為「國軍散文隊隊長」。開始為隊友們服務。帶

文友們從事參訪、散文寫生、文友作品之編選工作。

△六月：配合國防部軍愛民助民農收活動計畫，帶領五位散文隊友作家，前往台灣中南部採訪報導國軍愛民助民活動實況。在聯合報萬象版撰文報導。

△二月：〈血〉詩選入《龍族的聲音——中國現代詩朗誦選集》國軍詩歌研究會主編。

民國七十年（一九八一） 四十三歲

△十月：應國防部總政戰部國軍新文藝運動推行委員會聘為第十七屆「國軍文藝金像獎」散文類評審委員。

△十月：《耕雲的手——散文理論與創作》出版，台北，金文出版社。

△十二月：代表中華民國作家參加在台北舉行「亞洲華文作家會談」。

△六月：詩作〈母親、肉粽語、家門、〉等入選《中國當代新詩大展》陳寧貴、蕭蕭、向陽主編。

△十二月：受邀參加「全國第三屆文藝會談」。

民國七十一年（一九八二） 四十四歲

△六月：主編國軍散文研究會作家散文合集《興寄煙霞》由水芙蓉出版社出版。

△一月起，在「台肥公司台肥月刊」開闢〈詩與攝影〉專欄。共三年多，刊出四十首詩與攝影。主編是台肥主任秘書金劍琴。

△十月：應「國軍文藝金像獎」之聘，擔任第十八屆散文類評審委員。

△三月策劃創編台灣第一部《年度散文選》，由九歌出版社出版。

△二月，帶領散文研究會三十位作家前往嘉義布袋鹽場參訪。

△十月，策劃散文研究會作家撰寫〈影響我最深的一本書〉專欄，十月起在《吾愛吾家》連載。

△十一月，策劃散文研究會作家們創作〈我們的土地〉結集出書，由黎明出版社出版《泥土的眷戀》。

△八月：〈舞〉等三首詩選入《葡萄園二十年詩選》（文曉村主編。）

民國七十二年（一九八三）　四十五歲

△五月應中國醫藥學院第一屆文學獎之邀，擔任散文類評審。

△七月，接受《商工日報》副刊「從嘉義到台北」專欄訪問。〈耕雲的手——訪林錫嘉〉發表於商工日報副刊。七十二年七月二十四。

△十月：為《文學年鑑》撰寫〈一九八一我國的散文〉。

△十月：開始兒童詩創作。〈電線桿〉被選入《兒童文學之旅》。

△十月：應「國軍文藝金像獎」之聘，擔任第十九屆散文類評審。

△列入《中華民國現代名人錄》。

△三月《七十一年散文選》繼續出版（九歌）

△五月：為詩人李宗倫詩集《燕子》寫序〈燕子的天空〉。

民國七十三年（一九八四） 四十六歲

△元月，開始兒童詩系列創作，元月份起在《吾愛吾家》連載，並請知名畫家林順雄繪插畫。

△元月，應中華日報邀請，參加「台灣作家南北會師座談會」。

△五月：應國防部國軍新文藝推行委員會之聘，擔任紀念黃埔建軍六十年舉辦的「埔光文藝獎」散文類評審。

△五月，應中國醫藥學院第二屆文學獎之邀，擔任散文類評審。

△五月：帶領散文隊作家二十五人，送千本書作品上金門前線，並參訪戰地設施。返台，作家撰稿報導，並出版《碉堡與古厝》金門散文專輯，獲佳評，被選入「國軍連隊書箱」讀物。

△八月：接受中國廣播公司主持人高丸莊訪問，「漫談散文寫作」。

△十月：應「國軍文藝金像獎」聘，擔任第二十屆國軍文藝金像獎」散文類評審。

民國七十四年（一九八五）　四十七歲

△六月：應邀參加白靈、杜十三策劃之「詩的聲光」詩歌朗誦演出。

△八月：擔任「七十四年暑期大專復興文藝營」散文組輔導老師。

△十月：應大華晚報副刊之邀，請林錫嘉等六位散文名家，闢《名家散文系列》專欄一年，後由九歌出版社出版專欄《六六集》，並請梁實秋題字。

△十月：應國軍新文藝運動委員會聘，擔任第二十一屆國軍文藝金像獎散文類評審。

△十一月：應中國文藝協會邀請，在「文藝薪火詩歌座談會」上演講「新詩創作」及「創作心路」。

△十一月：台北市耕莘青年寫作會文藝營聘擔任散文組指導老師。

△十二月：中國文藝協會聘為「散文創作委員會副主任委員」，並擔任該會文藝研習會散文班講座。

民國七十五年（一九八六）　四十八歲

△元月：散文集《濃濃的鄉情》出版，台北，希代出版社。

△三月：擔任中原大學普仁崗文學獎散文類評審。

△四月：當選連任「國軍新文藝散文研究會召集人」。

△三月：擔任高雄師範學院文學獎評審。

△七月：擔任台北耕莘青年寫作會散文、詩指導老師。

△八月：應聯合報副刊瘂弦之邀，為台北市圓山動物園遷園前，寫「辭園心情」——〈腳印小傳奇〉，刊登於遷園當天的聯合報副刊。

△十月：擔任第二十二屆國軍文藝金像獎散文類評審。

△三月：主編《七十四年散文選》九歌出版社出版。

民國七十六年（一九八七）　四十九歲

△三月：應國軍新文藝輔導委員會聘，擔任澎湖區國軍新文藝指導老師。

△三月：擔任中原大學普仁崗文學獎評審。

△五月：擔任台北市公、私立高中徵文比賽評審。

△七月：散文集《六六集》出版，台北，九歌出版社。（六人合集）

△九月：應憲兵司令部聘請，擔任文藝輔導老師。

△十月：擔任第二十三屆國軍文藝金像獎散文類評審。

民國七十七年（一九八八）　五十歲

△二月：擔任中原大學普仁崗文學獎散文類評審並做一場座談會。

△七月：應台灣區省立師範學院七十七年度暑期「文藝研習會」聘，擔任「作家創作經驗談」課程。

△八月：擔任憲兵司令部第十三屆文藝金荷獎評審。

△十月：擔任國軍文藝金像獎第二十四屆散文類評審。

△八月：〈乳之憶〉〈樹的成長〉等六首入選《當代台灣詩萃》藍海文主編。

民國七十八年（一九八九）　五十一歲

△四月：應國防部國軍新文藝輔導委員會聘，擔任國軍馬祖區文藝輔導老師。

△三月：主編《七十七年散文選》九歌出版。

△七月：詩作〈親情、硯台、飛鴿所見〉三首入選《秋水詩選》涂靜怡主編。

民國七十九年（一九九〇）　五十二歲

△四月：擔任澎湖區國軍文藝散文指導老師。

△八月：任經濟部事業單位台灣肥料公司工安工程師。

民國八十年（一九九一） 五十三歲

△十月：擔任國軍第二十七屆國軍文藝金像獎評審。

民國八十一年（一九九二） 五十四歲

△二月：擔任耕莘青年寫作會第二十三期散文寫作講座。

△五月：擔任國軍馬祖區新文藝輔導散文指導老師。

△九月：〈竹想〉詩入選《葡萄園三十年詩選》（文曉村主編）。

△十月：擔任第二十八屆國軍文藝金像獎散文類評審。

△三月：主編《八十年散文選》九歌出版。

民國八十二年（一九九三） 五十五歲

△四月：擔任國軍金門區新文藝輔導散文指導老師。

△應中華日報之聘，擔任第五屆梁實秋文學獎散文評審。

△應苗栗縣文化局邀，擔任「散文文藝營」講座。

△十月：擔任第二十九屆國軍文藝金像獎散文類評審。

△十二月：參加聯合報「四十年來中國文學會議」。

△八月：出版金門散文專輯《碉堡與古厝》，黎明出版社出版。

民國八十三年（一九九四） 五十六歲

△八月：應聘聯合報第十屆「台灣省巡迴文藝營」擔任散文講座。

△十月：擔任第三十屆國軍文藝金像獎散文類評審。

民國八十四年（一九九五） 五十七歲

△四月：創作詩集《竹頭集》榮獲文建會經費補助出版。

△十二月：詩集《竹頭集》出版，台北，九歌出版社。

△四月：主編《八十三年散文選》九歌出版。

△十月：擔任第三十一屆國軍文藝金像獎散文類評審。

△七月：〈床頭書〉詩選入《中國詩歌選》（周伯乃主編），一九九五年版。

民國八十五年（一九九六） 五十八歲

△三月：為「台灣新生報」《文學原鄉》專輯撰寫〈三叔公的書房〉，該書由正中書局結集出版。

△五月：應清華大學、天主教光鹽愛盲服務中心之請，為「盲人念書給你聽」編輯一套《開啟心窗》有聲書。

△九月：在台北市聯勤俱樂部主持國軍散文研究會「報導文學座談會」。

△十月：擔任第三十二屆國軍文藝金像獎散文類評審。

△十月：〈唐衫引起的事件〉二首詩選入《中國詩歌選》（王幻主編）一九九六版。

△三月：〈風箏〉〈竹蓆〉〈扁擔〉選入《中華新詩選》（一信主編）一九九六年版。

民國八十六年（一九九七）　五十九歲

△元月：擔任台灣肥料公司《台肥月刊》總編輯。

△十月：擔任第三十三屆國軍文藝金像獎散文類評審。

△六月：〈龍坑深處的海〉詩入選《一九九七中國詩歌選》（文曉村、潘皓編）。

民國八十七年（一九九八）　六十歲

△二月：為林少雯散文集《愛你的心情》寫序〈她是一個你無法推開的朋友〉。

△四月：應聘「國軍八十七年新文藝創作輔導研習營」散文組輔導老師。同月主編《八十六年散文選》，九歌出版社出版。

△六月：擔任「耕莘青年寫作會暑期寫作班指導老師主講〈散文創作意念、語言及文學獎〉。同月，〈碗粿叉仔〉、〈雨夜讀板橋墨竹〉二詩入選《中華新詩選粹》一九九八年版。

△七月：擔任「聯勤總部文藝創作輔導暨金駝獎評審。

△八月：為詩人吳德亮《德亮散文集——永遠的伯勞鳥》寫序〈依然是永遠的伯勞〉。

△十月：擔任第三十四屆國軍文藝金像獎散文類評審。

民國八十八年（一九九九）　六十一歲

△五月：再度為「清華大學」、「光鹽愛盲服務中心」編選「盲人唸書給你聽」第二套《與春天相遇》有聲書。

△九月：應聘擔任「台北市張道藩圖書館」駐館作家。並講述〈報導文學〉、〈旅行散文〉。

△八月：應邀擔任汐止市文化藝術學會《峰峙季刊》總編輯。

△十月：擔任第三十五屆國軍文藝金像獎散文類評審。

△十一月：《檸檬綠大錦蛇》（詩、散文合集）出版，嘉義市文化中心。

△十二月：應邀擔任徐薏藍新書《牽手走遠路》發表會引言人。

民國八十九年（二〇〇〇）　六十二歲

△三月：擔任中國文藝協會寫作班講師，講〈散文概論〉，同月擔任中央大學文學獎評審。

△四月：中國蘇州大學范培松教授於二〇〇〇年四月出版《中國散文批評史》鉅著，書中論述：「林錫嘉撰述〈中國現代散文理論簡介〉，提供了豐富的史料，為現代散文批評研究提供了良好的基礎。」

△七月：應三重市婦女會邀請，擔任該會暑期兒童作文班講授作文課程。

△八月：上中國廣播公司「文學風情」節目（劉小梅主持）談「詩歌創作」。

△九月：擔任耕莘青年寫作會散文組講授〈散文概論〉。

△九月：應汐止樟樹國小之邀，為學校義工媽媽之子女開暑期作文班，並將同學學習成果編印成書〈我想變成太陽〉。

△十月：擔任第三十六屆國軍文藝金像獎散文類評審。

△十月：耕莘青年寫作會講授〈遊記散文〉、〈散文與詩〉、〈散文中的人物〉。

△十一月：訪成都杜甫草堂，成詩〈您的手、我的手〉，發表於聯合報副刊。

△十一月：應「台灣文學學會」之邀，開〈散文概論〉課程。

民國九十年（二〇〇一） 六十三歲

△九十年起，開始撰寫《旅行，我生命的長流》大陸旅遊詩集。

△三月：應聘擔任台北市百齡高中文學獎詩、散文評審。

△十月：擔任第三十七屆國軍文藝金像獎散文類評審。

△十二月：應「中鼎工程顧問公司」邀請，到該公司開「散文寫作課程」。

民國九十一年（二〇〇二）　六十四歲

△三月：〈床頭書〉詩，選入《葡萄園四十週年詩選》。

△九月：應汐止農會聘開「成人寫作班」、「兒童作文班」。

△十月：擔任第三十八屆國軍文藝金像獎散文類評審。

民國九十二年（二〇〇三）　六十五歲

△九月：〈我最初的散文天空《湖上》〉一文，入選張秀亞教授的《甜蜜的星光》書中。

△十月：擔任第三十九屆國軍文藝金像獎散文類評審。

民國九十三年（二〇〇四）　六十六歲

△五月：應中正大學第二屆清園文學獎之邀，擔任散文組評審。

△七月：汐止樟樹國小暑期文藝營擔任「童詩創作」課程。

△十月：擔任第四十屆國軍文藝金像獎散文類評審。

△十二月：〈愛河與月亮變奏曲〉詩入選《水都意象——高雄》（雨弦主編）

民國九十四年（二〇〇五）　六十七歲

△五月：獲頒中華民國新詩學會「詩運獎」。

△十月：擔任第四十一屆國軍文藝金像獎散文類評審。

△十一月：中華民國新詩學會會刊《詩報》復刊，擔任主編。

民國九十五年（二〇〇六） 六十八歲

△二月：開始在《詩報》季刊撰寫〈詩人生活札記〉。

△六月：與林宗源、林煥彰、林良雅（莫渝）……等，在詩人節成立「林家詩社」，並發行林家現代詩刊。成為全世界唯一林姓現代詩人成立的詩社。

△七月：完成〈台灣現代散文現象十年〉。

△十月：接受中央大學中文碩士班孫于清採訪，談〈年度散文選〉，為碩士論文參用。

△三月：帶領國軍散文研究會作家做北海岸佛教人文知性之旅。

民國九十六年（二〇〇七） 六十九歲

△六月：主辦國軍散文研究會作家人文參訪佛光大學，作家們並捐贈著作給佛光大學圖書館。由圖書館館長代表接受。

民國九十八年（二〇〇九） 七十一歲

△六月：應聘擔任「中和庄文學獎」散文組評審。

民國九十九年（二〇一〇）　七十二歲

△十一月：「結婚照」及〈書中自有顏如玉〉發表於《文訊》，並參加「台灣資深作家結婚照展」。並於十一月二十日被邀在台北市齊東街舉行之「牽手永傳承」，四對資深作家「郭嗣汾、俞光平、李殿魁、林錫嘉」夫婦，代表「老新人體驗幸福滋味。

民國一〇〇年（二〇一一）　七十三歲

△五月：開始撰寫「靜思三事」（散文詩）專輯，在《華文現代詩》連載發表。

△六月：主編《不大不小的戰爭》（國軍散文研究會作家散文選）。由文史哲出版社出版。

△九月：接受汐止「觀天下電視台」（地方人物誌）採訪，談「我的文學生涯」。

△十月：擔任第四十五屆國軍文藝金像獎散文類評審。

民國一〇一年（二〇一二）　七十四歲

△十二月：應台南市政府文化局邀請，參加「台南市關東文學之旅」。

△五月詩寫〈懷想南港那片詩空〉及照片發表於《文學人》。並在《文訊》主辦「文

學之春」在台北中山堂展出。

民國一〇二年（二〇一三） 七十五歲

△二月：〈我的文學因緣〉於二〇一三年二月份發表於《文訊》。

△六月：應國立台灣文學館邀請，為台灣前輩畫家陳澄波大師畫作提供配詩，作為「澄海波瀾──陳澄波百二誕辰東亞巡迴大展」之用。遂完成〈貯木場與屠宰場〉詩。

△八月：與《文訊》總編封德屏、魯蛟、琹川到新店去探望王璞。

△七、八月：主持《華文現代詩》刊籌備會。於三籌（八月十九日）經投票決定詩刊訂名為《華文現代詩》。

△十一月：主持《華文現代詩》內容討論會，並提供擬訂好的內容請大家討論。最後決議，《華文現代詩》訂於一〇三年五月創刊。

△五月：接受攝影名家陳文發之採訪，《作家的書房》。專書於二〇一四年八月由允晨文化公司出版。

民國一〇三年（二〇一四） 七十六歲

△五月：《華文現代詩》季刊五月正式創刊。由林錫嘉出任總編輯。並規劃出版出

一本與台灣當今的詩刊不一樣的詩刊。

△十月：〈情歌，怎麼唱〉等五首詩，入選嘉義縣文化局「梅坑月霽」嘉義縣籍詩人作品選集。〈情歌，怎麼唱〉選入「梅山現代文學步道作家雅集」手稿雋刻于大理石，展示於梅山公園現代文學步道上。

△八、十一月：《華文現代詩》準時於五、八、十一月出版一、二、三期。

民國一〇四年（二〇一五）　七十七歲

△主編《華文現代詩》第四、五、六、七期均準時出刊。

△十一月：《童詩的遊戲》童詩翻譯修訂本，十一月由文史哲出版社出版。

△二月：二〇一五年十二月廿三日《華文現代詩》編輯團隊，一同前往探望前輩女詩人蓉子大姐，整個過程溫馨感人。策劃《華文現代詩》於二月份第八期特邀大家同撰文刊登以為紀念。

民國一〇五年（二〇一六）　七十八歲

△二月：主編策劃「林家宗親詩人同遊台南關仔嶺」詩輯，於《華文現代詩》第八期刊登六位詩人所撰寫的詩作。

△主編《華文現代詩》第八、九、十、十一期均準時出刊。